Q&A

社会的養育の実践

困難を抱える子ども・
子育て家庭の支援

一般社団法人
日本児童養護実践学会／監修

ぎょうせい

はじめに

　少子化社会が国会でもコロナがあけて熱心に議論され、社会福祉の児童福祉領域が家族、結婚、子育て、子ども手当、保育などの問題として注目されてきました。高齢化社会を展望した政策に後追いするような今までの施策が見直され、不登校やいじめの深刻化、虐待など家族の変化が調査でも問題となり、未来の日本に生きるこども達の問題にようやく目を向けるようになりました。「こどもの最善の利益」を尊重して、国も改めてこどもの社会的養育の理念を明確化し、社会がこどもを中心とした施策についてこども家庭庁をたちあげ、取り組むことになりました。

　第2次世界大戦で敗戦国となりましたが我が国の未来を担うこどもたちの姿を創造して児童福祉法が草案され、戦災孤児の社会的養護から未来あるこども達の健全育成に至るまでを創造しています。今日までの広範なこどもの問題に対応して、こどもの権利を保障し家族の幸せを守ることは国際的にも潮流になっています。

　時代的変遷はこどもや家庭の営みから、行政的にも「子育て、家庭支援」の歴史の中に多くの政策や現場実践があり、その可視化・文章化がされてきました。本書はそうした事例を中心にQ&Aとして取り組み、いろいろなお立場の方々にご担当いただきました。元行政のお立場の方、大学等の研究者、児童福祉施設の方々、弁護士の方々などのご協力を得たものです。

本書を企画し、現場の多忙な仕事の合間に執筆に時間を提供ください
ました皆々様に感謝とお礼を申し上げます。
　2023年6月

一般社団法人日本児童養護実践学会　理事長

法政大学名誉教授

髙橋利一

目　次

②ファミリーホーム

③特別養子縁組

④児童心理治療施設

⑤母子生活支援施設

⑥自立援助ホーム

第4章　これからの社会的養護（養育）のあり方

①子どもたちの暮らしと支援

②保護者への支援

第5章　各機関に求められる役割と連携のあり方

第6章　参考資料

第 1 章

社会的養護（養育）の基礎知識と仕組み

Q1 社会的養護（養育）とは何ですか？

　国及び地方公共団体が、保護者のない子どもや保護者に監護させることが適当でない子どもを保護し、必要な措置を講じなければならない（児童福祉法第3条の2）として、その子どもを保護者や家庭に代わって公的責任（措置制度・措置費制度）の下、社会的に養育し、また子どもが家庭において健やかに養育されるよう保護者を支援することです。従来「社会的養護」という言葉がよく使われていましたが、代替養育を中心とした従来の「社会的養護」というものに対し、家庭への養育支援から代替養育までを含む幅広い概念として「社会的養育」という言葉を用いるようになりました。

　家庭養育優先原則にのっとり、まずは家庭養育が維持されるための支援を行い、それが困難な場合には家庭環境に代わる里親委託を、もし何らかの理由で難しい場合には施設で養育するというステップが示されています。施設養育とする場合でも家庭的な生活環境として小集団に分けて、ユニットホームや地域のグループホームで生活することを目指し、大きな集団の中で生活するのではなく、職員と個別的な関係を築けるような養育が望まれています。

［髙橋　利一］

図　家庭と同様の環境による養育の推進

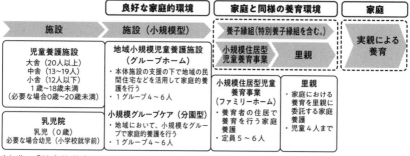

（出典：「社会的養育の推進に向けて」（こども家庭庁、2023年））

Q2 社会的養護を担う機関と施設には何がありますか？

　社会的養護は国や地方自治体の責任により要保護児童を保護し、家庭を含めて支援していく取り組みです。親子分離や家族再統合などの決定は基本的に児童相談所が行い、親子分離中の子どもの養育を里親や施設等が担います。家族再統合に向けた取り組みについては、児童相談所だけでなく、施設やフォスタリング機関などが協力して取り組みます。

【行政機関】

児童相談所：要保護児童の発見と保護、里親委託及び施設入所措置の判断を行う行政機関です。

【児童福祉施設等】

児童養護施設：保護者がいなかったり、虐待されていて家庭で暮らすことが適切でない児童（原則乳児以外）が暮らす施設です。

乳児院：児童養護施設同様に家庭で暮らすことが適切でない乳児（特に必要がある場合は幼児を含む）が暮らす施設です。

児童心理治療施設：社会生活への適応が困難となった児童が短期間暮らし、心理治療等を行う施設です。

児童自立支援施設：不良行為をなし、又はなすおそれのある児童等が生活状況等を改善するために暮らす施設です。

母子生活支援施設：経済的に困窮していたり、配偶者から暴力を受けている母親と児童の世帯が入所している施設です。

児童自立生活援助事業（自立援助ホーム）：義務教育を修了した児童を対象に日常生活や就業の支援等を行う取り組みです。

小規模住居型児童養育事業（ファミリーホーム）：養育者の家庭において、要保護児童の養育を行います。

【その他】

里親：養育者の家庭において、要保護児童の養育を行います。養育里親、専門里親、養子縁組里親、親族里親があります。

里親養育包括支援機関（フォスタリング機関）：里親養育の支援などを児童相談所とともに行う団体です。　　　　　　　　［和田上　貴昭］

Q3 支援が必要な子どもたちの抱えている課題とは何ですか？

　児童福祉施設や里親など社会的養護につながる子どもたちは、主に支援につながる前と「自立」して巣立っていく後の課題を抱えています。かつて要保護児童の理由は父母の行方不明や離婚・死亡などが主でしたが、近年では保護者による虐待や保護者の精神疾患、経済的困難など、親がいても適切な養育が受けられないために支援を必要としています。

　実際、児童心理治療施設では８割、児童養護施設と児童自立支援施設では6.5割、乳児院と里親も４割の子どもたちが児童虐待を経験しています[1]。さらに、児童心理治療施設で８割、児童自立支援施設で６割、児童養護施設で４割と全体的に障害等がある子どもが増加傾向にあり[1]、より高度な支援が求められています。

　一方、ケアリーバー（社会的養護を離れて生活する人）に対しての調査[2]からは、退所後の進路は「就職・就労」が５割を超えて最も高いのですが、正社員は半数にすぎず不安定な雇用形態の者も多くなっています。彼らの最終学歴は中卒と高卒をあわせて８割と大半を占め、大学等に進学する者は２割と学歴における格差も生じています。そのため、施設退所時もその後においても、「生活費や学費」「将来」「仕事」について困り、不安を抱いています。「自分が困っているときほど（出身施設などに）話せない」という声[3]からも、声を上げない彼らに対するつながりの仕組みが必要となります。複雑な生育歴を負っているにもかかわらず、自立した後にも社会的不利にあるという現状を改善していくために、養育過程での支援とともにアフターケアに対する支援の充実が求められています。

[岩田　美香]

❖引用・参考文献
1 ）厚生労働省「社会的養育の推進に向けて」（2022年）
2 ）三菱UFJリサーチ＆コンサルティング「児童養護施設等への入所措置や里親委託が解除された者の実態把握に関する全国調査報告書」（2021年）
3 ）東京ボランティア・市民活動センター「アウトリーチ・プロジェクト報告書」（2020年）

Q4 社会的養護の基本的な考え方について教えてください。

社会的養護は「家族と暮らすことができない子どもを社会全体で育てる」というのが基本的な考え方です。しかし、これだけでは十分ではなく、「その家庭も支援する」ことも含まれます。

保護を検討しなければならない場合（要保護問題）には、ハイリスクケースも多くありますが、このような場合でも、親子分離を拙速に考えるのではなく、個々の状況を分析したうえで可及的速やかにどのような支援が妥当かを検討する必要があります。

考えられる支援は、大きく分けると「在宅のままでの支援」か「親子分離をしての支援」の二択となります。

「在宅のままでの支援」では、状況の悪化が見過ごされることがないよう留意しなければなりません。一方、「親子分離をしての支援」においては、里親や児童養護施設等の環境で子どもは生活することになるため、生活の安定や自立支援を確立すると同時に、保護者などに対する支援も同時並行で実施することが必要になります。

現在、親子分離した際の子どもの受け皿は、大きな転換期を迎えています。第二次大戦敗戦後の戦争孤児の救済から始まった社会的養護は、その中心を施設が担ってきましたが、近年は、「子どもの最善の利益」の保障や「子どもの権利条約」の批准により、国際基準に合致した対応が求められており、里親や特別養子縁組といった、より家庭に近い環境を優先して検討することになっています。

社会的養護では、親子分離をすれば子どもの安全が確保されることから、支援を終了することもありますが、それでは十分とはいえず、再び家族が一緒に暮らせるように支援することが重要になります。

[原田 旬哉]

Q5 社会的養護に関して世界ではどのような取り組みが行われていますか。

　虐待等により、親と暮らせない、もしくは親と暮らすことが適切でない子どもたちを国の責任のもとに保護し、適切な養育環境において養育する取り組みは日本だけでなく、世界各国で取り組まれています。第二次世界大戦以前は孤児院などに子どもを収容し、養育する取り組みが多くみられましたが、近年は子どもの権利擁護と発達（アタッチメント形成等）の観点から、施設ではなく家庭における養育が重視されています。図に見られるように、先進諸外国では、社会的養護の対象となる子どもたちの半数又は半数以上が家庭（里親）での養育を受けています。特に幼児期の子どもには家庭での養育が必要であるとの考え方から、施設での養育は行われていない国が多いようです。また、施設規模は10名以下の規模にすることが多いようです。

[和田上　貴昭]

図　各国の要保護児童に占める里親委託児童の割合（2018年前後の状況）

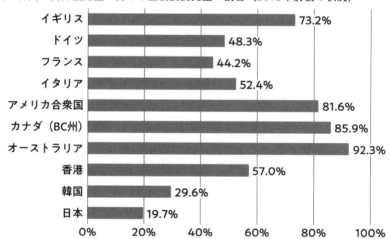

国	割合
イギリス	73.2%
ドイツ	48.3%
フランス	44.2%
イタリア	52.4%
アメリカ合衆国	81.6%
カナダ（BC州）	85.9%
オーストラリア	92.3%
香港	57.0%
韓国	29.6%
日本	19.7%

（出典：令和２年度先駆的ケア策定・検証調査事業「乳幼児の里親委託推進等に関する調査研究報告書（令和３（2021）年３月）」三菱UFJリサーチ＆コンサルティングp.111）

アメリカの社会的養護はどのようなもの？

　裁判所が子どもの保護や親子分離を判断、行政機関に支援を命じ、家庭復帰や里親委託の決定は裁判所が行うところが日本と異なります。連邦国家なので各州が国の政策に基づく具体的な施策を担いますが、概ね各州において社会的養護は里親養育やグループホームの養育において行われ、施設は重篤な虐待等の被害を受けた子どもが生活する医療的な治療施設と位置づけられています。

　2003年には「子どもと家族の安全を守る法（Keeping Children and Families Safe Act of 2003)」により、早期介入や予防に力がおかれ、親子分離による児童保護優先の政策から、家族維持、家族再統合政策へとシフトをしました。以下、家族の再統合や家族維持に向けた取り組みの一部を挙げます。

（1）「集中的家族維持プログラム（Intensive Family Preservation Service
　　（IFPS)」

　家族が危機的な状況になる前の段階で集中的に介入し、家庭訪問による支援をすることで親子分離を防ぐ、予防的な児童福祉サービスです。

（2）ラップアラウンド（Wraparound)

　里親家庭からの家族再統合（家庭復帰）にはラップアラウンドというプログラムが全米で一般的となっています。コミュニティを基盤として、子どもと家族を支援していくためのチームが組まれ、親のサポート、子どもをサポートと役割を分け、週に1度程度の家庭訪問により家族に寄り添います。

（3）生活施設改革（Residentially-Based Services Reformカリフォルニア州）

　グループホームを改革し、子どもの家族や学校に再びつなげるための地域支援サービスとして、短期間の施設での生活と、家庭訪問などのアフターケアを組み合わせた施設サービスの変革を進めました。　　　　　　[髙橋　誠一郎]

カナダ・オンタリオ州の状況

〈里親と施設の状況〉

　オンタリオ州では、里親委託率は非公式の親族里親も含めると80％以上、その他は施設等（グループホーム等）となっています[1]。民間のグループホーム等の協議会であるOARTYの会長レベッカ・ハリス氏の訴えの要点は以下のとおりです[2] [3]。

・政府は「子どもは家庭で育つべき」「グループホームは子どもに劣等感をいだかせる」という考え方のため、児童相談所の指標を「どれだけ子どもを里親に委託したか」「在宅のサポートをしているか」「親族里親を拡大してグループホームをなくしていく」としています。

・グループホームには、里親を転々として（最大で52回）、里親で暮らせなくなってしまった子どもが入ってきます。しかし、子どもの成育歴などのケース記録（成育歴や措置変更の履歴等）がなかったり、公的資金が少ないために職員の半数以上が正規職員ではなくパートタイム職員であったり、監査は建物の状態等をチェックするのみでケアの質を確認しなかったりします。このままでは、里親で暮らせなくなってしまった子どもの行き先がなくなってしまいます。

・そのため、我々は自ら措置変更等のデータを残したり、ケアの質を評価する基準を提案したり、オンタリオ州アドボカシー事務所と子どもの声を聴きながら政府に働きかけたりしていきたいと思います。

・グループホームで生活しているある子どもは、「グループホームは家族だ、家庭だ」と話してくれます。大切なことは、家族の定義は自分で決めることで人から言われることではないということです。

〈オンタリオ州アドボカシー事務所[4]〉

　オンタリオ州には、社会的養護を受けている子ども及び若者（ユース）の独立した「声」として子どもアドボカシー機関の世界的モデルとなったオンタリオ州アドボカシー事務所がありました。なぜ過去形なのかといいますと、2018年の州議会選挙で政権交代があり、2019年にユースや関係者の意見を聴くこともなく、突然アドボカシー事務所を閉鎖してしまったのです。

オンタリオ州アドボカシー事務所は州議会に直属する機関で、子どもやユースとパートナーとなって一緒に彼らの声を聴き、彼らが抱える問題を解決するため、彼らの声を上に持ち上げます。ここで「持ち上げる」とは、子どもたちの生活や将来に関わる決定権を持つ人々、とりわけ、政治家など政策決定者に彼らの声を直接届けることです。先進国には、こうした徹底的に子ども側に立って子どもの声を持ち上げる機関、つまり、子どもアドボカシー機関があります。日本でも2022（令和4）年6月の児童福祉法一部改正で子どもアドボカシー機関をつくる方向性が示され、全国各地で実践が始まっています。

〈アドボカシー事務所閉鎖後のユース活動〉[5]
　オンタリオ州アドボカシー事務所閉鎖後、アドボカシー事務所に関わっていたユースたちは、社会的養護を経験した当事者団体OCAC（Ontario Children's Advancement Coalition）を立ち上げ、政府に制度の抜本的改革を迫っています。「ユース」と大人といった対立構造ではなく、「ファーストボイス」といった当事者の見方や実際の経験に価値を置き、当事者による決断と行動を促し、当事者の声を政府等の政策決定者に届けることをしています。2022年9月現在、OCACは他のユース団体と協力して、政府とパートナーシップを組み新しい制度（自立の準備ができた段階で社会的養護下から自立する『準備指標ベース』）を開発しています。社会的養護経験者が政府をリードし、協働して制度改革をするのは画期的なできごとであると思われます。

[藤野　謙一]

❖引用・参考文献
1）上村宏樹、長瀬正子「平成26年度 厚生労働省児童福祉問題調査研究事業 課題9 社会的養護制度の国際比較に関する研究　調査報告書　第3報」（日本社会事業大学社会事業研究所、2016年7月）100-124頁
2）Ontario Association of Residences Treating Youth「OARTY 2016/2017ANNUAL REPORT」
3）畑千鶴乃、藤野謙一「カナダ・オンタリオ州インタヴュー調査議事録」（鳥取養育研究所、2018年9月28日）※OARTYにオンタリオ州すべての民間グループホームが加盟

しているわけではないことに注意。

4）畑千鶴乃、大谷由紀子、菊池幸工『子どもの権利最前線　カナダ・オンタリオ州の挑戦～子どもの声を聴くコミュニティーハブとアドボカシー事務所～』（かもがわ出版、2018年）109頁

5）畑千鶴乃、菊池幸工、藤野謙一『子どもアドボカシー　つながり・声・リソースをつくるインケアユースの物語』（明石書店、2023年）

Q6 里親委託・施設入所の過程について教えてください。

　里親委託及び施設入所は児童相談所の業務の一つとして行われます。下記の図のとおり、家庭に関する問題について児童相談所が相談を受け付け、受理会議を経て、各種の調査が行われます。その内容は、児童本人の生育歴、診断歴、家族の状況、保育施設や教育機関からの児童に関する情報収集です。その情報を基に判定会議が行われ、その後、援助方針会議が開かれます。慎重な議論の基に社会的養育（代替養育）が必要と判断された児童に対して、里親委託、施設養育を中心とした支援方針を決定するのです。その後、本人の意思及び能力的なことも踏まえ、援助方針を基に児童相談所が受け入れ機関・施設などを探し、施設入所措置、又は里親への委託措置となります。最近の国の方針としては、より家庭に近い里親への委託をすすめています。　　　　　[鹿毛　弘通]

図　里親委託・施設入所の過程

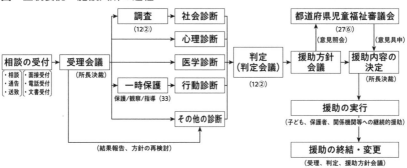

（出典：児童相談所運営指針）

Q7 措置解除・措置変更とはどのようなことを指すのでしょうか。

　児童相談所は、複雑困難な家庭環境に起因する問題を有する子どもやその保護者（以下「対象者」）に対し、以下の2通りの措置[1]を行います。

① 児童福祉司、児童委員等による在宅指導を継続的に行う。家庭を訪問し、あるいは児童相談所等に通所させる方法により指導を行う。

② 上記の指導による改善が認められず実家庭での養育が難しいと判断される場合、子どもを里親やファミリーホームに委託したり、児童福祉施設（乳児院、児童養護施設、児童心理治療施設、児童自立支援施設、障害児入所施設）への入所措置がとられる。

　措置解除とは、上記の措置の終結を指します。特に②の場合は、子どもの家庭復帰、就職や進学等による自立が該当し、措置解除後もアフターケアや自立支援の観点から、住居の確保、就職先の開拓、仕事や日常生活上の支援、経済的な支援（居住費、生活費等）など支援が継続されます。

　措置変更とは、対象児童への措置内容の更改を指し、特に②の場合に異なった種別の施設等への措置、同種の他施設等への措置がとられます。変更の理由・背景は、子どもの年齢超過（乳児院からの変更）や行動上の困難さ（暴言や暴力、性加害等、施設における不適応行動等による変更）があります。

　措置変更は、それまで慣れ親しんだ養育者、友人、環境、地域等との分離であり、傷つき体験や見捨てられ体験として子どもの心に深く刻まれる可能性が高いため、子どもの年齢・発達の状況、気持ちや想い、意見・意向に十分配慮しながら、慎重かつ丁寧に行う必要があります。

[兎澤　聖]

❖引用・参考文献
1）厚生労働省「児童相談所運営指針」

Q8 これからの施設運営に必要なことは何ですか？

　児童養護施設をはじめとする社会的養護施設への入所は、都道府県等による措置（行政処分）によって行われます。現状では多くの場合、子ども達は施設入所の是非や、どの施設に入所するかを選択できていません。また、ほとんどの子ども等は慣れ親しんだ土地を離れて入所します。今後の施設の運営に当たっては、とりわけ以下の事柄が重要です。

1　支援の標準化

　特に社会的自立期の支援に格差があれば、それは子ども等の人生そのものに大きな影響を及ぼします。入所する施設に「アタリ」「ハズレ」の「ハズレ」があってはなりません。

　ある施設では義務教育終了後、公立の高校に進学できない、あるいは中退することを機に施設を退所し、就労自立が迫られます。このような場合、多くの子どもや退所者はその後の長い人生において、極めて不安定な生活を強いられています。

　一方で、ある施設では仮に高校を中退しても多様な再就学の機会が確保され、大学等の高等教育への進学も支援されています。入所支援も22歳、あるいはそれ以上の継続が保障されています。

　国の制度や社会資源の拡充が進む中、こうした格差は一層拡大しています。全体の底上げを図り、支援を標準化するために2020（令和2）年より国は自立支援担当職員の配置を始めました。18歳を超えた入所支援の継続や、大学等への進学や就労、退所後の生活を支えるため、制度や社会資源を熟知し対象者へ有効につなぐことが期待されます。

　また、2024（令和6）年施行の改正児童福祉法には「意見表明等支援事業」（第6条の3第17項）が創設されました。子ども等が受ける支援を適切に選択できるよう、意見の形成・表明・実現を支える仕組みづくりが今後の最も大きな課題です。

2 地域における子ども・家庭支援

これまでの社会的養護の大きな課題として、子どもの地域生活の連続性の欠如があります。子どもは「家庭」の養育機能が不十分なことを理由に「学校」や「地域」からも切り離されます。このことが子ども等の発達に与えるダメージは甚大です。

今後の社会的養護施設には、児童家庭支援センターや子育て短期支援事業（子どもショートステイ）をはじめ、施設入所に至る前に地域で子どもや子育て家庭を支える役割が求められています。

これに向けては、各地域において子ども食堂や子どもの居場所を運営する市民団体等との連携や啓発も欠かせません。施設が有する人材や建物設備を有効に活用し、より地域に開かれた子育て支援の拠点となることが期待されます。

出生率の低下に歯止めがかからない現在の日本において、子育てを産んだ親ばかりに背負わせず、地域で支え合うことが喫緊の課題です。一方で、時間にゆとりのあるシニア世代も増加しています。子どもを中心に地域で暮らす様々な人が集い、孤立をなくす、そうした可能性を模索する施設も現れ始めています。

[早川　悟司]

Q9 都道府県社会的養育推進計画とは何ですか？

　2016（平成28）年、国は大幅な児童福祉法改正をまず進め、その法改正を基に「新しい社会的養育ビジョン」（以下「ビジョン」）をまとめ、そのビジョンにそって2018（平成30）年７月に厚生労働省こども家庭局長通知（地方自治法に基づく技術的助言）として「都道府県社会的養育推進の策定要領」が発出されました。各都道府県ごとに下記の11項目の計画について作成を課し、2019（令和元）年度中に各都道府県において計画立案が行われ、現在その計画に基づき、取組が進められています。

〈検討項目〉（11項目の計画を求めている）
　①　体制整備の基本的考え方及び全体像
　②　当事者である子どもの権利擁護
　③　市区町村の子ども家庭支援体制と都道府県の取組
　④　代替的養育を必要とする子ども数の見込み
　⑤　里親等への委託への推進に向けた取組
　⑥　特別養子縁組等の推進に向けた取組
　⑦　施設の小規模化かつ地域分散化、高機能化及び多機能化の取組
　⑧　一時保護改革に向けた取組
　⑨　社会的養護自立支援の推進に向けた取組
　⑩　児童相談所の強化策
　⑪　留意事項（行程管理等）

　※計画のスケジュールは2020（令和２）年～2024（令和６）年まで第一期の取組、2025（令和７）年～2029（令和11）年までを第二期の取組、各期の中間年に進捗状況の検証を行い、必要な場合には見直しを行うこととされています。

［武藤　素明］

Q10 都道府県社会的養育推進計画の課題について教えてください。

　都道府県社会的養育推進計画について、各都道府県は2019（令和元）年度にかけて検討に入りましたが、十分な検討や計画が進んでいないところも多く、厚生労働省では2020（令和2）年8月には、各都道府県より提出された推進計画について里親委託率の数値的目標や推進に向けた取り組み等を詳しくレーダーチャートにて数値化し、その数値化されたものをもとにして里親委託率等の低い都道府県について、国から個別に助言等が行われました。また、その計画の推進にあたって「里親委託・施設地域分散化等加速化プラン（加速化プラン）」を発出し、2024（令和6）年度末までを「集中取り組み期間」として、各都道府県に毎年度計画促進策の提出を求めるとともに、それらを積極的に進めようとしている都道府県には予算の補助率の嵩上げや職員配置の優遇策が講じられています。

　急激かつ無理に里親委託率を上げることを推進することは結果的に子どもの養育の安定につながらないという可能性も高く、実態に見合わない推進計画は社会的養護の現場での混乱や結果的には子どもの最善の利益の保障につながらない政策となってしまう危険性があります。施設においても安定的な養育や家族支援、地域支援、自立支援の積極的な実践も展開中であり、施設の優位性を活かしつつ、地域や各都道府県において施設と里親が協働連携しながら、社会的養護や社会的養育の受け皿や支援先になっていく姿を模索するべきと考えます。

　また、施設の小規模化かつ地域分散化の方向ですが、家庭養護や家庭的養護を進めるのであればむしろ現在の本園（施設）の拠点機能や環境を活かした児童養護を展開するべきであると考えます。

　その後、社会的養育専門委員会にて検討しながら予算化、制度化が（ビジョンを進める観点から）進められ、多岐にわたる検討が成されたところです。その審議内容は2022（令和4）年の児童福祉法改正に反映されました。

　子育て支援策は、地域の実情を身近で把握している区市町村が包括的

な子育て支援策や虐待の初期的介入や予防策が行われるようになっては
いますが、現実的には未だ貧弱であり、そこの充実策については子ども
家庭福祉に関わる人の増配置や予算の充実を図るべきです。虐待をする
親の代替的養護の充実もさることながら、虐待を減らすために親や家族
支援も含めた抜本的対策を国あげて取り組むことが期待されます。

　また、最も重要な課題としては、社会的養育に関わる人の専門力や力
量強化及び定着策に最も力を入れていくべきです。国も「子ども家庭福
祉に関わる専門職のあり方」について検討をしましたが、資格制度の検
討に終始し、現在関わっている児童相談所、区市町村の子ども家庭支援
に関わる職員、児童養護施設等社会的養護の施設、さらには里親も含め
た支援に関わる人のメンタルヘルス対策を含む専門力や力量強化及び定
着策が不十分です。子どもの人権を大切にする仕事ほど、そこに関わる
「人」の保障も成されなければなりません。

　子育てを保護者だけに任せず、地域や社会が子どもを育てるシステム
づくりを大胆に進める必要があり、さらには地域を超えて日本全国で子
育てができるシステムなどを推し進め、子ども自身がたくましく人とし
て希望を持ち成長できる社会の実現をめざす必要があるのではないでし
ょうか。

　最も大切にするべきことを見失わない計画と改善が必要な時です。

[武藤　素明]

第 2 章

里親・ファミリーホーム・
特別養子縁組

Q11

里親を希望したいのですが、里親制度のあらましを教えてください。

　里親制度とは、子どもと暮らしを共にすることです。里親は養育里親、親族里親、専門里親、養子縁組里親の４類型からなっており、所管は児童相談所です。季節里親、短期里親、要支援ショートステイ等で知られている制度は、自治体の独自事業として取り組まれるものです。ここで掲げた制度の共通した特徴は、私人が24時間子どもと生活を共にする立場にあることです。里親については児童福祉法第３条の２に「家庭における養育環境と同様な養育環境において、継続的に養育されるように」と掲げられており、里親制度の基本指針となっています。また、児童相談所により児童福祉法第27条１項３号「里親委託の措置」によって、里親と子どもの養育関係が開始されます。併せて里親支援の関連事業が里親の養育活動を支えています。子どもの生活費や教育費は入所施設と同じように支給され、里親手当はそれぞれの類型に合わせて支給されます。

　また、里親になるには自治体の基準に適合する必要があります。里親になるには、まず児童相談所から説明を受けた後、認定前研修を受講します。自治体によって定められている「里親認定基準」によって、里親の欠格事由、家族の同意状況、部屋の広さ、収入、里親の年齢などについて調査があり、家庭訪問・調査を受けます。その後、知事等は児童福祉審議会里親認定部会の意見を聞いて里親登録し、里親は子どもとの出会いを待つことになります。子どもの養育にあたっては、自治体が「里親が行う養育に関する最低基準」を定めています。虐待の禁止、教育保健衛生の確保、児童の金品の管理、秘密の保持、知事等への報告、再委託の禁止など20項目が定められています。いずれの規定もインターネットで検索できます。

[青葉　紘宇]

Q12 里親会の概要について教えてください。

　里親会は里親による集まりで、里親特有の悩みと課題を話し合うために、重要な役割を担っています。児童相談所を設置している自治体68か所の里親会は、全国里親会に所属して地域における養育活動を展開しています。また、全国を8ブロックに分けて近隣の自治体との交流を図っています。全国里親会の事業としては、定款によると研究調査、里親の育成、普及啓発、表彰、相談指導、災害孤児支援が掲げられており、この他にもさまざまな活動を展開しています。地域の里親会も同様で、行政との折衝や要望活動をはじめ、特に里親同士の交流は特有の悩みや問題を話し合える貴重な場となっています。

　また、里親会の歩みは制度の進展そのものと言えます。里親会の変遷を見ると、1954（昭和29）年に任意団体「全国里親連合会」として発足。同年第1回全国里親大会が宮城県で開催され、以後、里親大会が地域の回り持ちで開催されています。1966（昭和41）年に社団法人化、1971（昭和46）年には財団法人「全国里親会」と改称し、2011（平成23）年に公益財団法人となっています。

　里親会の取り組みが制度改正に関わることもあります。例えば、2011（平成23）年、東日本大震災で親を亡くした子どもへの取り組みでは、両親を亡くした子どもが祖父母などの家に身を寄せた事実に出会ったことで親族里親の要件緩和の道を拓くことになりました。2016（平成28）年、児童福祉法改正を契機に里親制度の充実が図られ、家庭養護の推進の担い手の一つとして活動を展開しています。　　　　　　　　　　[青葉　紘宇]

Q13

里親家庭での子どもの生活はどのようなものですか？

　里親家庭は、地域に根差す実際の家庭ですので、家庭ごとの個性があります。そのため、細かな生活の様子は家庭によって異なります。「規則正しい生活習慣」と言っても、その「規則」は各家庭の文化に大きく左右されます。例えば、夏の間はシャワーの家庭もあれば、季節に関係なく湯船に湯を張る家庭もあるように、家庭独自の文化のなかで、途中から子どもは生活を始めることになります。里親と委託される子どもそれぞれに異なる文化をもって生活を始めるということは、丁寧に交流機関を設けたとしても、互いに理解が難しかったり文化の衝突があったりします。

　里親側からすれば、新しく子どもを受託するにあたって、不安を感じることもありますが、委託される側の子どもの不安はそれを大きく上回るものだと理解するべきです。親子分離を経験して里親家庭にくるのですから、子ども本人が望んだ環境ではないなかで生活を始めるということになります。また、個人差はあっても「喪失感」や「傷つき体験」を皆経験して里親家庭に来ます。それらの過去の経験を共有していない（その場に居なかった）里親が子どもの行動の理由を理解するのは簡単ではありません。だからこそ、異なる視点で共に考え悩み喜ぶ協働者・支援者が必要になります。

　里親を孤立させない協働による養育が子どものニーズに応えられると、様々なポジティブな経験を子どもは積み重ねます。例えば、特別に大切にされる、自分のために一生懸命になってくれる・必死になってくれる大人の存在を知る、安全な環境で失敗と成功の経験、人とのつながりは修復できる経験、家庭は「心地よい」と感じられる経験等々。これらの経験を、特定の大人との情緒的なつながりのなかで積み重ね、子どもは里親家庭で成長します。

［渡邊　守］

Q14 フォスタリング機関について教えてください。

フォスタリング機関とは、「より多くの里親を開拓し、里親との確かな信頼関係を基盤に、里親の持つ養育能力を十分に引き出し、伸ばすことで、質の高い里親養育を実現し、維持すること、さらに、里親と子どもが、地域社会の偏見や理解不足のために孤立することのないよう、関係機関による支援のネットワークを形成し、地域社会の理解を促進することで、子どもの最善の利益の追求と実現を図ること」[1]を目的とした業務を担う実務機関のことです。

その業務内容は以下のとおりです。

・里親のリクルート（地域社会の潜在的里親登録希望者を募る業務）及びアセスメント（面接・訪問などをもって評価する）

・登録前、登録後及び委託後における里親に対する研修

・子どもと里親家庭のマッチング

・里親養育への支援

これらの業務は公的機関である児童相談所が担ってきたものですが、民間機関もこれら全部又は一部をフォスタリング機関として担っている自治体が少しずつ増えてきています。里親になることを希望する個人からの問い合わせ受付から始まり、研修・実習、アセスメントを経て登録、そして子どもの養育を受託した後も、連続性をもって支援を続けることがフォスタリング機関の強みのひとつです。一方で、これらを一部民間が担う自治体もあります。

フォスタリング業務を民間機関が担う場合、里親と児童相談所を中心とする関係機関と協働しながら、「委託可能な里親を開拓し、育成すること」「里親との信頼関係を構築し、相談しやすく、協働できる環境を作ること」及び「子どもにとって安定した里親養育を継続できる（不調を防ぐ）こと」を成果目標として活動します。　　　　　　[渡邊　守]

❖引用・参考文献

1）厚生労働省「フォスタリング機関（里親養育包括的支援機関）及びその業務に関するガイドライン」について

Q15 里親支援の仕組みについて教えてください。

　里親に子どもの養育に対する熱意や養育力があるからと言って、里親家庭だけに委託される子どもの健やかな育ちの責任を負わせることは、望ましい里親養育とは言えません。

　里親家庭は地域に根差す家庭ですので、他の家庭同様に不安定で、常に変化と隣り合わせです。多くの家庭がそうであるように、経済状況や就労・就学状況、家庭構成員の心身の健康状態、そして外部との人間関係や社会活動等からの影響により家庭内の養育力は変化をします。

　また、委託される子どもと里親は過去を共有していないため、互いの文化の違いへの理解に難しさを覚えたり、様々な行動の背景にある過去の経験が分からないために先入観や誤解による育ち・育ての難しさを経験します。

　さらには、里親制度に対する地域社会の認知度や理解の乏しさから、里親家庭が孤立しやすい環境にいることもあまり知られていません。

　これらの事情により、里親家庭で子どもが健やかに育まれるためには十分な支援が必要です。この"十分な支援"とは多岐にわたります。しかし、支援者が里親よりも子どもの過去について情報を漏れなく持っているわけでも養育技術に長けているわけでもありません。支援者は、指導や教育をするのではなく、協働者として、養育者である里親とは異なる視点で、里親と子どもの健やかな育ちのために一緒に考え決定し、環境を整え育児実践を支える役割が求められます。その支援内容は、子ども一人ひとり皆違います。それでも共通している支援の仕組みは、支援者が里親にとって共に考えてくれる相手でありお互いの成長に貢献しあえると信頼してもらえる関係を築くところにあると言えるでしょう。

［渡邊　守］

Q16 里親研修とはどのような内容なのですか？

　里親が受講する研修には様々な種類がありますが、国が定める研修は主に三つ、基礎研修、認定前研修、そして更新研修です。里親が子どもの理解や養育技術習得等のために自主的に受講する研修は今日ではとても数が多いので、ここでは国の定めるこの三つの研修について、厚生労働省が例として示している資料[1] をもとに説明します。

　基礎研修とは、里親登録を希望する方を対象とした研修です。この研修の科目には、里親養育論、養護原理、児童福祉論、里親養育演習、養育実習等が含まれます。次に、基礎研修を受講し、里親について概要を理解した上で受講するのが認定前研修です。この研修の科目には、里親養育論、発達心理学、小児医学、里親養育援助技術、里親養育演習、養育実習等が含まれます。里親として登録されるためには、漏れなくどなたもこの基礎研修と認定前研修を修了しなければなりません。この基礎研修と認定前研修は、自治体によって異なるものの、2日間以上（実習日は含まず）かけて実施されています。

　また、里親認定登録は、一定の年数が経つと、更新時期を迎えます（更新しないという選択もできます）。里親として都道府県や政令市等に認定登録されてからまたは前回の更新から5年目（一部自治体は年数が異なる）を迎える里親は、登録を更新するために更新研修を受講します。この研修の科目は、児童福祉制度論、発達心理学、里親養育演習、加えて里親として子どもの養育を受託していない里親の場合は養育実習が含まれます。

　これらの定められた研修は、都道府県や政令市等が実施している自治体もありますが、民間機関に委託して実施している自治体もあります。座学だけでなく、受講者が学びやすく成長や変化をつかみやすい内容に工夫している研修も増えてきています。　　　　　　　　　　[渡邊　守]

❖引用・参考文献

1）厚生労働省「里親研修カリキュラム例」https://www.mhlw.go.jp/shingi/2008/08/dl/s0805-2a_0080.pdf

Q17

養育里親とはどのような里親ですか？

養育里親とは、児童福祉法第6条の4「要保護児童の養育を希望し（中略）養育里親名簿に登録されたもの」で、縁組を目的としないで一定期間子どもの養育に当たる制度です。中には養育里親を経て養子縁組に進む場合もあります。

里親子の生活が始まると、一般的に「赤ちゃん返り、試し行動」などと言われる時期を経ます。子どもと暮らしを共にする中で、周囲の支援を受けながら乗り越えて、家族の一員として受け入れていきます。里親子の生活は特別なものではなく、子どもが育つということは、大人と自分をぶつけ合うことに変わりがありません。しかし、養育里親は親権を代行するような法的関係にはならないので、この特有な関係を受け入れることが里親の最初の関門となります。

里子との出会いは、幼児期に限らず全年齢層に亘っており、高校生で委託されてくることも珍しくはありません。登録しても子どもと出会える里親は5割程度となっており、更なる里親の活用が求められています。里子が里親から離れる状況を統計から見ると、少し違った風景が見えます。平均委託期間は4.5年、委託解除後は措置変更が3割、親などの引き取りが3割となっており、高校を卒業して巣立つ里子は1割にとどまっています。養育里親は子どもの一時期の養育に当たっているといえます。

措置変更の中には、里親子関係がかみ合わず破綻する場合が含まれています。このように里親子関係に不調を及ぼすケースは子どもの心に傷を深く残すので、早期対応を図り、不調による里親解消を可能な限り避けなければなりません。一方、養育里親から巣立った後も絆を保ち続ける例は多くあります。特に18歳以降の自分捜しの時期には、里子にとって里親は得難い相談相手になっています。　　　　　[青葉　紘宇]

Q18 専門里親について説明してください。

　専門里親は、①児童虐待等の行為により心身に有害な影響を受けた児童、②非行のある若しくは非行に結び付くおそれのある行動をする児童、又は③身体障害、知的障害若しくは精神障害がある児童 など、一定の専門的なケアを必要とする子どもを対象として養育する役割を担っています。

　個々の子どもの状態やニーズに応じたきめ細やかな支援が必要のため、虐待やネグレクトの影響による心理的特徴や行動上の問題のほか、障害、非行、養育、医療ケアなど幅広い知識と技術と対応力が求められ専門性のレベルが高くなります。また、児童相談所をはじめ関係機関（児童福祉施設、学校、病院、里親支援機関等）との連携を図ったり、近隣住民からの理解や協力を得るなど、様々な社会資源やサポートを活用しながら委託児童を養育していかなければなりません。

　養育上の難易度が上がるため、養育里親としての要件に加えて次の①から③のいずれにも該当する必要があります。

① 次に掲げる要件のいずれかに該当すること
　ア．養育里親として３年以上委託児童の養育の経験を有する者
　イ．３年以上児童福祉事業に従事した者であって、都道府県知事が適当と認めた者
　ウ．その他都道府県知事がア又はイと同等以上の能力を有すると認めた者
② 専門里親研修の課程を終了していること
③ 委託児童の養育に専念できること

　登録有効期間は２年間、２年毎に更新研修を受講する必要があります。また委託児童は４人までで、そのうち専門里親委託児童は２人までと定められています。委託児童及び当該委託児童以外の子ども（実子等）の合計人数の上限は６人です。委託期間は２年ですが、必要に応じて延長が認められています。

[兎澤　聖]

Q19 親族里親とはどのような里親ですか？

　親族里親とは、日本における里親制度のひとつで、2002（平成14）年に新設されました。この制度は、扶養義務者及びその配偶者である親族に、親族関係にある子どもの親が死亡や行方不明などで養育ができない場合に、家庭的な雰囲気のなかで養育することを重視して委託されます。子どもの福祉を考えた場合に、養育里親よりも親族里親が優先される場合があります。親族里親には、一般生活費（食費、被服費等）や教育費、大学進学等支度金、医療費等が支給されます。

　親族里親は、制度創設時には要保護児童の３親等内親族を要件としていました。しかし、2011（平成23）年に発生した東日本大震災をひとつの契機として、現在では、おじ・おばなど扶養義務のない親族は親族里親ではなく養育里親が適用されることになっています。そのため、扶養義務のない親族が里親になった場合には里親手当が支給されます。

　親族里親は、血縁関係にある子どもを養育するところに他の里親とは異なる特徴があります。家族を重視する日本の福祉政策のなかで、親族里親はその理念に寄り添った里親制度であるといえるでしょう。民法では、直系血族及び同居の親族は互いに扶けあうことを求めています。親族里親に求められる役割は、親子関係に近い関係性のなかで、より家庭的な雰囲気を作ることによって、子どもが安心して家庭生活を営むことができるようにすることです。

　日本における里親とは一般的に血のつながりのない家庭がイメージされがちですが、ここで紹介したように、親族里親のように血縁関係にある者が里親になることも可能となっています。なお、アメリカでは親族による養育の割合は近年増加傾向にあります。

[田中　秀和]

Q20

養子縁組里親とはどのような里親ですか？

　児童福祉法（第6条の4第2号）では養子縁組里親について、要保護児童を養育すること及び養子縁組によって養親となることを希望する者のうち、養子縁組里親名簿に登録されたものをいうとされています。認定の要件は養育里親と同様ですが、それに加えて都道府県知事が実施する養子縁組里親研修を修了していることが必要です。養育里親は委託児童の養育が目的であることに対して、養子縁組里親は委託児童との養子縁組を前提として養育することにあります。そのため、里親に対して里親手当は支払われません。養育里親の場合、婚姻していなくても里親として登録することが可能ですが、特別養子縁組を希望する場合、縁組の要件として婚姻していることとされているため、養子縁組里親にも婚姻していることが求められます。特別養子縁組を希望する里親の場合は、25歳に達しない者は、養親となることができませんが、一方の親が25歳以上で、もう一方が20歳以上の場合には大丈夫です。また、特別養子縁組は原則6か月以上の養育状況を踏まえ、審判により成立するため、養子縁組としてこの6か月間に子どもも親もお互いを知り、関係性を構築することができます。

　対象となる子どもは、保護者のない子どもや家庭での養育が困難で実親が親権を放棄する意思が明確な場合などです。未婚、若年出産など予期せぬ妊娠による出産で養育できない・養育しないという保護者の意向が明確な場合には、妊娠中からの相談や出産直後の相談に応じ、出産した病院から直接養子縁組里親へ委託することは有用だと言えるでしょう。

［和田上　貴昭］

❖引用・参考文献

・「里親委託ガイドライン」厚生労働省通知「里親委託ガイドラインについて」（令和3年3月29日子発0329第4号）

気付かされることの多い子育て（里親体験）

「ただいま！　腹減った」と帰ってきます。テーブルの上におやつを用意しておくと、勝手に食べてまた遊びに行ってしまいます。そんな毎日が続きます。時には友達と喧嘩したり、結果が悪くてテスト用紙を捨ててしまったりと、どこの家庭でも経験する風景が続きます。

そんな時期を過ぎると、家の中では話をあまりしなくなります。子どもの個性が心配になってきます。友達と遊べない中学時代を終えて高校へ。どうなるかと心配していたら、自転車を盗んで捕まっていると警察から電話が入りました。引き取りに警察署に行ったら、3人の高校生が並んで警官から説教されていました。「友達と一緒に悪いことをしている！」今までに考えられないことでしたが、その光景を見てほっとしたというのが本心で、帰途、彼を怒るよりも、よくやったと誉めてやりたい気持ちになっていました。

また、知的に遅れている子どもが我が家を巣立って、地域の福祉作業所に就職していました。その帰り道、我が家に寄ったときです。「宗教の人から信者にならないかと誘われた。信じなければ悪いことが起きる」と言われたとのこと。彼はそこで考えて答えたそうです。「僕は親も死んだし、一番悪いことを見たので、これ以上悪いことは起きない」と。この話を聞いて気付かされました。人は誰でも生きる知恵を持っていること、生活から滲み出た知恵を備えていることを。加えて、彼は他の3人兄姉のことも気にかけており、きょうだいの取りまとめ役としてあれこれ心配しています。その心配も的を射ているのです。IQで表現される能力と生きる知恵とは別物であることを改めて教えられもしました。

里親を続けていると、こんな場面に出会うことばかりです。子どもを育てるというよりも、教えられることの方が圧倒的に多いことに気付かされます。

［青葉　紘宇］

ファミリーホームとはどのようなところでしょうか。里親とはどう違うのでしょうか。

　日本の社会的養育は近年、大きな転換点を迎えています。そうした中、新たな社会的養育の担い手として2009（平成21）年に制度化されたのがファミリーホームです。児童福祉法においては「小規模住居型児童養育事業」と規定されています。これは子どもを養育する経験を十分に持った個人が、あくまでも里親として自身の住居において一緒に生活をしながら、社会的養育の子どもたちを養育していく事業、という扱いになります。他の言葉で言い換えると、ファミリーホームとはあくまでも「施設の縮小版」ではなく（実際のところ勘違いされることは多いのですが）、「里親の拡大版」というイメージで良いのではないでしょうか。養育経験の豊富な里親の方や、元児童福祉施設職員などの事業者の手により、2022（令和4）年現在、全国に約400か所あまりが開設されており、増加中です。

　一般的な里親とは「養育者の住居で養育を行う家庭養護」という点では同じです。違うのは人数的な規模で、里親の場合は最大4人までしか子どもを受け入れることができませんが（実子を含めて6名まで）、ファミリーホームは定員が5～6人になっています。また受け入れの人数が里親より多い分、都道府県知事に対して開設の届け出をしなければならないといった事務的な手続きも、里親より多く必要となります。

　2017（平成29）年の「新しい社会的養育ビジョン」においては、施設養育中心から、より家庭的な養育への移行がうたわれているのは周知のとおりです。特に里親委託率が諸外国より低い日本において、里親の登録数や委託数を増やしていくことが求められており、新しい家庭的な養育の担い手としてのファミリーホームへかかる期待は、今後いっそう高まっていくのではないでしょうか。 　　　　　　　　　　　［小林　生］

❖引用・参考文献

・日本ファミリーホーム協議会監修『社会的養護とファミリーホームvol.11』（創英社、2021年）

・土井高徳編『ファミリーホーム開設・運営マニュアル』（福村出版、2010年）
・厚生労働省「社会的養育の推進に向けて」（令和４年３月31日）

Q22 ファミリーホームを運営したいのですが、どうすれば良いのでしょうか。

　ファミリーホームは施設ではないため、一般的な生活や子育てを子どもたちと一緒に作り上げていくという意識があれば大丈夫だと考えます。しかし事業としての性質を持つ以上、開設にあたっては、ある程度の条件、それに「ハコ」と「ヒト」が求められます。

　まず最低限の条件として里親登録が求められます。必須の研修や実習を経て里親登録をしたうえで、①養育里親として2年以上同時に2人以上の養育経験、②養育里親として5年以上登録して通算5人以上の養育経験、③乳児院や児童養護施設で児童の養育に3年以上従事した経験、④都道府県知事が①～③以上の能力と認めた者、のどれかの条件を満たすことが求められます。

　次に「ハコ」ですが、養育者の住居において養育を行うため、どのような住居でも良いというわけにはいきません。委託された子ども5～6人を受け入れ、なおかつ養育者自身や家族も生活していくため、それが可能な広さと間取りを十分に持つ住居が求められます。これは必ずしも持ち家でなければならないということはなく、賃貸物件（賃貸料は公費による負担）でも可能となります。この規模の住居というのは、特に都市部においてはなかなかに高いハードルと言わざるを得ません。

　そして「ヒト」です。全国のファミリーホームにおいて多くの形態がとられているのが、養育者2名（夫婦の場合が多い）と補助者1名以上という形となります。また、養育者1名と補助者2名以上という形もあります。その養育者も補助者も、十分な子育て経験はもちろんのこと、社会的養育の子どもたちについてある程度の理解があることが望ましいのは言うまでもありません。

　子ども一人当たりの居室面積など、もっと細かくいろいろな条件が規定されていますので、詳細は、「ファミリーホーム実施要綱」を参照してください。

[小林　生]

❖引用・参考文献

・日本ファミリーホーム協議会監修『社会的養護とファミリーホームvol.11』（創英社、2021年）
・公益財団法人児童育成協会監修『児童保護措置費・保育給付費手帳（令和元年度版)』（中央法規出版、2019年）

Q23 ファミリーホームでの生活は、どのようなものでしょうか。

　みなさんの家庭とそれほど変わりない生活ではないでしょうか。養育者やその家族が生活するのとともに、委託された子どもたちもそれぞれの生活を送ります。食事をみんなで一緒にしたり、朝は起床して学校へ登校し、帰宅してからは宿題をしたり、近所の友達と遊んだり、夜はリビングでくつろぎながらテレビを見たり、ゲームをしたりという、ごく当たり前の日常を送ります。「なんだ、思ったより普通じゃないか」と思われる方もいるかもしれませんが、「普通の」生活とはいったいなんでしょうか。

　みなさんが「普通の生活とは」と聞かれると、多くの人は、自身が育ってきた家庭での生活を思い浮かべるのではないでしょうか。例えば細かく見ていくと、ご飯のメニュー、食べ方や食材の選び方、提供方法や調理者、片付けや好き嫌い、生活の日課、家族との会話、お風呂のタイミングや入り方、部屋の整理や掃除洗濯、勉強や習い事、お小遣いの管理やお金の使い方、家族の生活の中で誰がどのように行っていましたか、どういう風に育てられてきたでしょうか、つきつめて考えるとこれは一人ひとり、全く違うものになるはずです。これまでに説明されてきた「新しい社会的養育ビジョン」でもより家庭的な養育という言葉がありましたが、これも「普通の」生活と同じように、とても曖昧な意味を持つ、ある意味「マジックワード」のようなものではないかと考えられます。

　ファミリーホームだけでなく社会的養育においては、ネグレクト、虐待、様々な障害や気質も含む、本当に様々な家庭背景を持った子どもたちと協同しての生活となります。だからこそ子どもたちと一緒に、一つひとつに意味を考えていくことが重要となります。「なぜ勉強しなければならないのか」「掃除や洗濯はなぜするのか」「好き嫌いなく食べるのはなぜなのか」、というこれらの問いに対して「○○だからこうしていこうよ」と説明しながら、一日一日の生活を送っていく力が養育者には求められるのではないでしょうか。

また養育者にとっては、委託された子どもたちの生活を支援するだけでなく、養育者自身や家族の生活もあります。例えば施設に勤めていると、長時間労働などの問題はありますが、勤務時間を離れるとオフの時間がとれます。しかし、里親やファミリーホームにおいてはそのオンオフの区別がつけにくい、という特徴があり、それはそのまま課題とも言えます。

[小林　生]

❖引用・参考文献

・日本ファミリーホーム協議会監修『社会的養護とファミリーホームvol.11』（創英社、2021年）

Q24

ファミリーホームへの支援はどこが、どのように行うのでしょうか。

　ファミリーホームへの支援は、里親支援と同じような枠組みが求められていると考えます。一般的には、里親やファミリーホームといった家庭養育では養育が行われる場が養育者の住居であることから家庭的である一方、閉鎖性や透明性に関しては課題と言えるでしょう。里親家庭やファミリーホームは、施設と違って地域にあり、ごく普通の住宅地の並びの中にあることが多いです。みなさんの住む地域にも存在するかもしれません。

　それではここでみなさんの家庭をイメージしてみてください。いろいろな人が毎日のように出入りしていたり、血のつながっていない同じような年齢の子どもたちが一緒に毎日生活していたりする家庭はどれほどあるでしょうか。おそらく、ほぼ自身の家族だけで過ごされているところの方が多いのではないでしょうか。そのように考えると、そもそも家庭とは閉鎖性や不透明性という特徴を持っている、と言えるでしょう。

　しかし、虐待をはじめとする子育てに関する諸問題はしばしば、そういう閉鎖的で透明性のない家庭内で起こります。だからこそ、養育者の住居で養育を行う里親やファミリーホームは、その養育を意識的・積極的に開いていく必要があると考えられます。具体的には、近所の家庭をはじめ地域社会とやりとりを密に行ったり、学校や関係機関との情報共有や相互交流などを、一般家庭より頻繁に行ったりすれば良いのではないでしょうか。

　中でも重要なのは児童相談所や里親支援機関（フォスタリング機関）で、これらとの間には、子どもたちの養育に関する相談を気軽にできる、という関係性を築いておくことが求められます。ごく日常的でささいな情報をやりとりしておくことで、重大な問題が起きた際にも相談がしやすく、いろんなアドバイスやレスパイト（一時休息）など、必要な支援を受けやすくなるでしょう。

　また第三者委員の設置も重要です。これはファミリーホーム開設にあたっての要件にもなっていますが、こういった委員を設置し、子どもの

支援に参画してもらうことにより、ファミリーホームの密室化を防ぎ、風通しを良くすることにつながるでしょう。　　　　　　　［小林　生］

❖引用・参考文献
・日本ファミリーホーム協議会監修『社会的養護とファミリーホームvol.11』（創英社、2021年）

特別養子縁組と普通養子縁組の違いについて説明してください。

　普通養子縁組が家名の存続や家業の継承を目的に利用される傾向にあり、養子の多くが成人であるのに対し、特別養子縁組は実親と暮らせない子どもの福祉や保護を目的とした制度であり、1988（昭和63）年に施行されました。

　以下の表に示すように、特別養子縁組は子どもと実親との法的関係は解消され、相続権や扶養義務は消滅しますが、普通養子縁組では、実親との法的関係は維持されます。また、養子の年齢が特別養子縁組の場合原則15歳未満の子どもに限定され、養親は婚姻関係にある夫婦でなければなりません。さらに普通養子縁組は養親の意向で関係を解消できますが、特別養子縁組では養親の意向だけで関係を解消できません。

　特別養子縁組成立には6か月以上の試験的な養育期間が必要であり、戸籍の記載も実親子関係同様の記載になります。　　　　　　　[林　浩康]

表　特別養子縁組・普通養子縁組と里親制度の比較

	養子縁組	
	特別養子縁組	**普通養子縁組**
法的な親子関係	生みの親との親子関係消滅 〈生みの親〉 親権 〈育ての親〉	生みの親・育ての親ともに親子関係が存在 〈生みの親〉 親権 〈育ての親〉
子供の年齢	原則として15歳未満	年齢制限なし（養親より年上は認められない）
関係の解消	原則離縁はできず一生親子である	離縁が可能である

（出典：厚生労働省『不妊治療中の方等への特別養子縁組制度・里親制度に関する情報提供の手引き』を一部加工）

Q26 特別養子縁組で親になるには？

　子どもを受託する方法としては、児童相談所に里親登録し養子縁組里親として子どもを受託する方法と、都道府県から許可された民間の養子縁組あっせん機関を介して子どもを受託する方法があります。

　児童相談所は都道府県や政令指定都市等が設置主体であり、全国に約230か所存在します。養子縁組を前提とした里親登録を行うには、居住地を管轄する児童相談所に問い合わせ、座学や施設実習といった研修を数日間受講し、里親登録をしたいという意思が固まったら、児童相談所に申請書類を提出します。その後児童相談所などの職員が家庭訪問し、住居環境や家族関係等について、家族全員（同居人含む）から聞き取り調査が行われ、児童福祉審議会審議を経て正式に登録がなされます。

　民間の養子縁組あっせん機関は全国に23機関存在し（2023年3月現在。うち都内に5機関）、全ての機関は児童相談所と異なり日本国中の全ての人たちに対応しています。妊娠葛藤相談を受け付けており、自身で育てることが困難な実親が相談に訪れ、自身で育てることが無理だと判断し、実親が養子として子どもを養親希望者に託すことに同意した場合、民間養子縁組あっせん機関から養親希望者に子どもが託されます。したがって民間の養子縁組あっせん機関の方が、相対的に新生児や乳児が託される可能性が大きくなっています。

　なお、児童相談所を経て子どもを受託する場合費用はかかりませんが、民間機関を経て子どもを受託する場合、一定の手数料を支払わなければなりません。

［林　浩康］

Q27

特別養子縁組をした場合、子どもの実親との関係はどのようになりますか？

　現在、児童相談所や民間養子縁組あっせん機関における特別養子縁組は、幼児期までの子どもが多く、民間養子縁組あっせん機関は、より低年齢の乳児に限定されている傾向にあります。したがって実親の事情は多様ですが、予期せぬ妊娠、未婚、若年妊娠、経済的問題、実家の支援を受けられないなどの理由から養子縁組に子どもを託す例が比較的多いです。特別養子縁組は原則的には実親（生みの父母）の同意が必要ですが、父母がその意思を表示することができない場合、又は父母による虐待、悪意の遺棄その他養子となる者の利益を著しく害する事由がある場合はこの限りでないと民法には規定されています。出産後2か月以上経過したうえでの実親による同意が法的には有効であり、同意後2週間経過すると同意を撤回することができません。実親が未成年の場合、その親の同意も必要です。

　特別養子縁組後、アイデンティティ形成を目的とした子どもの出自を知る権利保障の一環として、養親は子どもが幼い時期から子どもの生い立ちを伝える真実告知が必要です。子どもと実親の法的関係は解消されますが、生物学的関係は継続し、その関係を子ども自身が理解することが必要です。出自とは養親が育ての親であって、生みの親ではないことだけではなく、託される際の実親の気持ち、養親としての気持ちやエピソードなどを含み、それらをストーリー性をもって伝える必要があり、また子どもの興味や関心に応じて伝えることが重要です。子どもの年齢に合わせ子どもが理解できるよう継続的に伝える必要があります。民間機関の中には縁組後実親と子どもが安全な交流が可能な場合、実際に会うなどして交流を行うオープンアドプションや、通信などに限定した交流を行うセミオープンアドプションなどを、機関を介して行っています。

［林　浩康］

Q28 民間あっせん機関による養子縁組を進めるうえでの留意点について説明してください。

　児童相談所を介す場合は養子縁組前提の里親登録をしますが、養親希望者が民間の養子縁組あっせん機関に登録して縁組を進める方法もあります。民間機関には、産みの親が育てられない子どもと子どもを迎えたい夫婦をつなぎ、縁組の仲介をするため、第二種社会福祉事業の届け出が必要です。各団体で養親になる条件、審査方法、費用負担に相違があります。

　児童福祉における養子縁組制度の意義は、2016（平成28）年成立の「民間あっせん機関による養子縁組のあっせんに係る児童の保護等に関する法律」（2018年4月施行、以下「法」）に「保護者のない児童又は家庭に恵まれない児童に温かい家庭を与え、かつその児童の養育に法的安定性を与えることにより、児童の健全な育成を図ることであり、養子縁組は、専ら児童の福祉の観点に立って行わなければならないもの」とされています。養子縁組は、子どもの福祉増進が最優先、あわせて実親・養親の福祉も考慮する必要があるのです。しかし民間機関の業務の質の差が課題視されていました。そこで民間機関が行う縁組あっせん・相談支援の質の確保と向上、適正な縁組あっせんを目的とし、「民間あっせん機関の第三者評価にかかるガイドライン」「民間あっせん機関が適切に養子縁組のあっせんにかかる業務を行うための指針」等も示されました。法により都道府県への申請制から許可制に変更、許可を得た機関は現在23団体あります（厚生労働省家庭福祉課調べ、2022年4月1日現在）。児童相談所とも連携し、ソーシャルワークの専門性を活かして業務を行うこと、子どもへの法的なパーマネンシー保障（永続的な親子関係の構築）のための適切なアセスメントとマッチング、適切な養育のための縁組前後の養親子支援を継続的に行う責任があります。

［横堀　昌子］

Q29

子どもの権利として自身のルーツを知ることの意味について説明してください。

　国内の法的保障には課題もありますが、子どもには出自を知る権利があります。子どもの権利条約第7条には「児童はできる限りその父母を知り、且つその父母によって養育される権利を有する」と規定されています。

　例えば養子縁組の民間あっせん機関には、国の指針で、子どもが養子であること等について確実に養親から告知されるよう必要な支援を行うこと、養子から出自情報を知りたい相談があった場合、丁寧に相談に応じ、年齢等の状況をふまえ、情報提供する適切なタイミングをはかり、対応することが求められています。特に未成年者が出自情報を求めた場合、養親と相談のうえ、年齢や発達段階をふまえ相談に応じ、適切に応じる責任があるとされます。

　社会的養育を必要とする子どもはいずれも親子分離、多くの喪失を経験しています。なぜ代替養育が必要なのかは、児童相談所が措置に際し、子どもの最善の利益の観点から子どもに説明をします。しかし実親の状況は可変的な場合もあり、自分は何者なのか、どう生きていったらよいか「あいまいな喪失」[1]の中にある子どももいます。先が見通しにくいケースでも、配慮ある言葉での「真実」の共有、わからないつらさへの共感的理解が子どもを支えます。ルーツを知り生育史のつながりを確かなものとすることは子どもの自己肯定感にも影響します。幼少期からの「真実告知」「生い立ちの整理」の実践が行われてきましたが、近年では大人と子どもとの協働で「ライフ・ストーリーワーク（LSW）」も展開されています。ルーツとこれからの人生をつなぐ支援過程と伴走者の存在は重要といえます。

[横堀　昌子]

❖引用・参考文献
1）ポーリン・ボス『あいまいな喪失とトラウマからの回復〜家族とコミュニティのレジリエンス』（誠信書房、2015年）

里親ドリフト

　私は、高校2年生の時に身体的虐待が主となる理由で一時保護されました。4か月間の一時保護期間を終え、委託先の里親が決まりましたが、その里親とは、マッチング当初から、自分とはあまりフィーリングが合っていないと感じていました。しかし、学校関係のこともあったため、そのまま話が進み、その里親宅での生活が始まりました。その後8か月ほど、その里親の下で委託されていましたが、最終的に委託先変更の話が出ることになり、担当の児童福祉司からは「里親側の事情で、これ以上、ここでの生活できない」と伝えられ、次の行き先を探すことになりました。この時点で、私の担当児童福祉司は2回変わっており、児童福祉司と私の関係もできておらず、なかなか私の意見が児童福祉司に伝わらないと感じていました。

　そして、担当児童福祉司と次の行き先について話をする時には、すでに委託先の里親が決まっていました。私としては、里親から見放されたと感じていたので「里親」というものに良いイメージは抱いておらず、次の行き先は施設が良いと希望を伝えました。しかし、返ってきた答えは、「あなたにとっては、施設より里親の方が良い」というものであり、里親の方が良い理由は何であったのかは教えてくれないまま、結局は大人の都合で次の場所が決まるのだと悟ったのを覚えています。私は里親から里親へ委託されたいわゆるドリフトケースとなりました。今となっては、2組目の里親宅に委託されたことに後悔はしていません。しかし、児童福祉司に対しては、自分の意見は聞いてもらえないという固定観念を持っています。私の経験から、少しでも子どもたちの意見を聞いてもらい、子ども側の意見と食い違った場合は、お互いが納得するまで話し合ってくれるような児童福祉司が増えてくれることを願います。

［幸田　大翔］

第 3 章

施設養護

Q30

児童養護施設とはどのようなところなのですか？

　保護者のいない子どもや虐待を受けた子どもなど、社会的な養護が必要な子どもが生活する場です。令和3（2021）年3月末現在で全国に612か所あり、30,782人の定員に対して現員数（入所児童数）は23,631人となっています。

　児童養護施設には、保護者に代わって子どもの養育を担う児童指導員や保育士、子どもの健康をサポートする嘱託医や看護師、食生活を支援する栄養士などが支援を行っています。また、虐待を受けた子どもに対する心理療法やカウンセリングを行う心理療法担当職員、親子関係の調整を行い、家族の再統合を支援する家庭支援専門相談員（ファミリーソーシャルワーカー）、里親委託となる子どもや里親への支援や里親委託の推進などを行う里親支援専門相談員（里親支援ソーシャルワーカー）、子どもの社会生活スキルを指導する職業指導員などが配置されています。こうした専門職のほか、大学生のボランティアや地域のボランティアが子どもの学習支援や野外活動、社会体験等の支援に携わっています。

　最近は、より家庭に近い環境での養育が推進されており、多くの施設では、大きい施設や集団的な居住環境での養育ではなく、施設でも家庭に近い環境のユニットで養育を行っています。また、地域の民間住宅などを活用して4～6人の子どもを養育する地域小規模児童養護施設（グループホーム）や、分園型の小規模グループケアへの移行が進んでいます。

　児童養護施設は、子どもが安心できる環境での養育を行う一方で、児童相談所や地域の学校、社会福祉機関等と連携しながら、学習支援、家族との交流支援、自立支援や退所後のアフターケアを行っています。近年は里親や在宅家庭への支援等も行うなど、施設の高度な専門化、多機能化が進められています。

[南野　奈津子]

❖引用・参考文献
・厚生労働省子ども家庭局家庭福祉局（2022）「社会的養育の推進に向けて」https://www.mhlw.go.jp/content/000833294.pdf

Q31 児童養護施設で暮らす子ども達とは どのような状況なのですか？

　児童養護施設に入所している子どもの平均年齢は、2021年３月末の時点で11.1歳で、入所時平均年齢は6.4歳です。在所期間は4.7年ですが、年々短くなっています。国の統計では、子ども達の主な入所理由は「父・母・父母の行方不明（18.5％）」「父・母による虐待（16％）」となっており、実際には父・母の疾患や経済的な問題など、様々な課題を複数抱えているケースがほとんどです。

　入所児童の約65％は、父・母からの虐待を経験しています。また、約３割から４割程度の子どもは障害があり、多くは知的・発達障害となっているなど、大人との温かい関係や学習への支援を受けた経験が乏しく、日常でのコミュニケーションや生活でのスキルとともに、心理面や発達への支援を必要としています。

　多くの子ども達は、他の子ども達や職員との関わり、そして多くのボランティアとの交流などを通じて、個々の能力を伸ばし、豊かに育っていきます。家族との面会や外出などにより、家族との交流も続ける子どもが多くいます。また、施設での生活についての自己決定をする場として、入所児童による委員会などを設置している施設も多くあります。

　一方で、家族からの支援を受けることができず、あるいは心理、発達での支援が必要な状況にあり、自立生活への移行が難しい子どもも少なくありません。高校卒業後は、一般の高校生に比べて進学率が低く、約６割の子どもは就職するなど、退所後すぐに独り立ちを迫られる子どもが多い状況もあります。こうしたこともあり、児童養護施設の入所年齢はおおむね２歳から18歳で、原則では18歳が退所年齢ですが、20歳まで措置延長ができるほか、自立支援の対象となる上限年齢も撤廃されています。

[南野　奈津子]

表 進学、就職の状況の推移（児童養護施設・里親）

②高等学校等卒業後の進路（各年度末に高等学校等を卒業した児童のうち、翌年度5月1日現在の進路）

			平成２７年度 (H２８．５．１)		平成２８年度 (H２９．５．１)		平成２９年度 (H３０．５．１)		平成３０年度 (R元．５．１)		令和元年度 (R２．５．１)	
			人数	割合	人数	割合	人数	割合	人数	割合	人数	割合
児童養護施設児（単位：人）			1,818人	100.0%	1,684人	100.0%	1,715人	100.0%	1,752人	100.0%	1,752人	100.0%
	進学	大学等	226人	12.4%	239人	14.2%	276人	16.1%	245人	14.0%	311人	17.8%
		専修学校等	211人	11.6%	217人	12.9%	253人	14.8%	251人	14.3%	268人	15.3%
	就職		1,280人	70.4%	1,132人	67.2%	1,072人	62.5%	1,102人	62.9%	1,031人	58.8%
	その他		101人	5.6%	96人	5.7%	114人	6.6%	154人	8.8%	142人	8.1%
里親委託児（単位：人）			269人	100.0%	327人	100.0%	350人	100.0%	375人	100.0%	390人	100.0%
	進学	大学等	70人	26.0%	90人	27.5%	99人	28.3%	102人	27.2%	118人	30.3%
		専修学校等	65人	24.2%	72人	22.0%	61人	17.4%	81人	21.6%	110人	28.2%
	就職		116人	43.1%	145人	44.4%	149人	42.6%	169人	45.1%	130人	33.3%
	その他		18人	6.7%	20人	6.1%	41人	11.7%	23人	6.1%	32人	8.2%
（参考）全高卒者（単位：千人）			1,137千人	100.0%	1,148千人	100.0%	1,136千人	100.0%	1,134千人	100.0%	1,126千人	100.0%
	進学	大学等	593千人	52.2%	599千人	52.2%	592千人	52.1%	589千人	51.9%	594千人	52.7%
		専修学校等	249千人	21.9%	250千人	21.7%	246千人	21.7%	246千人	21.7%	243千人	21.5%
	就職		205千人	18.0%	206千人	18.0%	203千人	17.9%	203千人	17.9%	206千人	18.3%
	その他		89千人	7.8%	93千人	8.1%	95千人	8.4%	96千人	8.5%	83千人	7.4%

（※）家庭福祉課調べ（「社会的養護の現況に関する調査」）（全高卒者：学校基本調査）
（※）「大学等」：大学、短期大学、高等専門学校第４学年
（※）「専修学校等」：学校教育法に基づく専修学校及び各種学校、並びに職業能力開発促進法に基づく公共職業訓練施設

（出典：厚生労働省「社会的養育の推進に向けて」（2022年３月31日））

Q32 児童養護施設の生活とはどのようなものでしょうか？

　児童養護施設に入所する子どもたちの多くは、児童虐待をはじめとして不適切な養育環境で生活してきています。そして、入所による親や家族などとの分離体験による傷つきを経験しています。そのような子どもたちに施設では、権利擁護の観点から規則正しい「あたりまえの生活」を保障し、日々の生活の中で職員との愛着関係の再形成や信頼関係の再構築を通して自尊感情や自己肯定感を回復できるように支援していきます。そして、子どもたちの養育は一人ひとりの特性や課題を踏まえて自立支援計画が作成され保育士及び児童指導員や心理療法担当職員、家庭支援専門相談員などの専門職が配置され専門的な支援が行われています。

　児童福祉法では、代替養育において家庭養育優先の原則を定めており、里親などの家庭養育が優先されています。それに伴い施設でもできるだけ家庭に近づけようと少人数で生活できるように小規模化及び地域分散化が進められています。また、「新しい社会的養育ビジョン」では施設での在籍期間は原則として乳幼児は数か月以内、学童期以降は1年以内とされています。一方で2024（令和6）年から児童福祉法が改正され自立支援のため子どもたちの在籍年齢制限が撤廃されます。また、同じく子どもたちの意見表明のために子どもアドボカシーによる意見聴取の仕組みが整備されることになりました。

　このように子どもたちは施設での生活を経て半数以上が家庭に復帰します。他の子どもたちは高校を卒業して奨学金の給付を受け大学等に進学したり、就職して社会自立していきます。子どもたちには施設を退所してからも必要に応じてアフターケアが継続されます。さらに、子どもたちが社会生活を送るにあたり保証人を必要とする場合においても施設長が選任されるなど、退所後の支援においても体制が整えられています。

［阪野　学］

Q33

施設の養育形態にはどのようなものがありますか？

　児童養護施設の養育形態は、2008（平成20）年3月には7割の施設が20人以上の集団で生活する大舎制（図参照）でした。しかし、国の政策「家庭的養護の推進」により2012（平成24）年3月には5割に減少しました。その後2016（平成28）年に児童福祉法が改正され同法第3条の2で「できる限り良好な家庭的環境」でなければならないとされました。その結果、2020（令和2）年2月には施設に在籍する子どもたちの半数以上が小規模化された家庭的で少人数な生活単位の施設で生活できるようになりました。また、全国618か所の施設のうち、2021（令和3）年3月には本体施設において6〜8人で生活する小規模グループケア（図参照）が2,073か所、4〜6人で地域において生活する地域小規模児童養護施設が494か所整備されるまでになりました。今後さらに「家庭的養護の推進」として施設の小規模化及び施設機能の地域分散化が進められていきます。

[阪野　学]

図　施設の形態例

大舎制の例

相談室	児童居室（4人部屋）
ホール兼食堂	児童居室（4人部屋）
	児童居室（4人部屋）
	児童居室（4人部屋）
男子トイレ	児童居室（4人部屋）
洗面所	
女子トイレ	児童居室（4人部屋）
洗濯場	
脱衣場	児童居室（個室）
浴室	児童居室（個室）
	児童居室（個室）
宿直室	児童居室（個室）

・児童数20名以上
・原則相部屋、高年齢児は個室の場合もある。
・厨房で一括調理して、大食堂へ集合して食べる。

小規模グループケアの例

児童居室（2人部屋）	児童居室（個室）	児童居室（個室）
児童居室（個室）	リビング兼食堂	
児童居室（個室）		
洗濯機		
洗面所		キッチン
風呂	トイレ	職員宿直室

・児童数6名
・原則個室、低年齢児は2人部屋など
・炊事は個々のユニットのキッチンで職員が行い、児童も参加できる。

※「大舎」：1養育単位当たり定員数が20人以上
　「中舎」：同13〜19人
　「小舎」：同12人以下
　「小規模グループケア」：6名（令和6年度末までは8名となる場合がある）

（出典：厚生労働省「社会的養育の推進に向けて」（2022年3月31日））

Q34

地域小規模児童養護施設について教えてください。

2000（平成12）年に地域小規模児童養護施設が国により制度化されました。子どもの定員は6名までで職員の配置は2名、必要に応じてその他の職員（非常勤可）を置くことができるというものです。その目的は、地域の住宅等で子どもたちが生活することで家庭的な養護を実施して子どもたちの社会的自立を促すというものです。

その後2009（平成21）年に代替的養護における国連ガイドラインが示され、国は2011（平成23）年に児童養護施設をはじめ社会的養護に関係する施設において家庭的養護推進を推進する方向性を示し、施設の小規模化と施設機能の地域分散化を進めてきました。そして、2016（平成28）年児童福祉法の改正で、施設において子どもたちが「できる限り良好な家庭的環境」で養育されるように定められました。

現在は複数の地域小規模児童養護施設を運営している施設もあり（表参照）、今後ますます増加すると考えられます。当初は職員が一人勤務で食事の準備から子どもたちへのケアまで全ての業務をこなさなければならず、宿直も含め職員の負担が大きく課題がありました。その後職員配置も改善され、子どもの定員も少なくなるなど改善が図られてきていますが、今後も本体施設との連携や人材の確保や育成に課題が残されています。

[阪野　学]

表　地域小規模児童養護施設の運営状況

	平成27年度		平成28年度		平成29年度		平成30年度		令和元年度		令和2年度	
	施設数	実施数	施設数	実施数	施設数	実施数	施設数	実施数	施設数	実施数	施設数	実施数
合計	230	329	244	354	264	391	278	423	293	456	309	494
1か所実施	148	148	152	152	158	158	158	158	168	168	169	169
2か所実施	71	142	80	160	92	184	105	210	101	202	109	218
3か所以上実施	11	39	12	42	14	49	15	55	24	86	31	107

（出典：厚生労働省「社会的養育の推進に向けて」（2022年3月31日））

Q35 家庭復帰する子どもへはどのような支援が行われますか？

　施設や里親宅で暮らす子どもたちの多くは、父母もしくはどちらかの親がいます。たとえ虐待を理由に施設等で生活することになったとしても、子どもたちは親や家族、家庭への思いを持ち続けていますし、また家族と一緒に生活したいと願っている子どもたちは少なくありません。

　全国の児童養護施設で生活する子どもたちのうち、令和３年度に家庭復帰（家族との生活に戻ること）を理由として施設を退所した子どもたちの割合は44.5％でした[1]。

　児童の権利に関する条約では第７条に子どもが父母に養育される権利があり、また児童福祉法第48条の３には施設や里親は子どもたちに対し家族再統合支援に取り組むことと定められています。

　虐待等を理由として家庭で暮らすことが難しくなり、施設や里親宅で生活することになった子どもたちが再び家庭に戻るには、家庭で一緒に生活できなくなった状況が改善したり、家族の抱える問題が解決していたりしていなければなりません。乳児院や児童養護施設などには家庭支援専門相談員という子どもたちの早期家庭復帰を専門に担う職員が配置されています。そうした専門職や児童相談所をはじめとした様々な支援機関が連携し、アセスメントを通してそれぞれの子どもたちと家族が抱える課題を明らかにし、役割分担しながら支援して解決に向け取り組み、親子の段階的な交流を重ねていくことで、家庭復帰を実現します。

　また、家庭復帰後の親子への支援も重要です。これには地域にある子育て支援機関や子育て支援制度を活用しながら、虐待の再発を予防し、子どもたちの成長や家族の安定を目標に継続して支援していきます。

［髙橋　直之］

❖ 引用・参考文献

1) 全国児童養護施設協議会「令和３年度　入所児童等実態調査報告書」

Q36

「生活における治療的関わり」とは、どのようなことをするのですか？

　「治療」というと、医師や心理士が行うものと考えられますが、Trieschmanら[1] は、心理治療と並行して、被虐待児の呈する様々な不適応行動に対し環境を治療的に組織化し、日常生活での具体的な活動を通じて修正的接近を試みることが必要であると述べています。

　これらは心理職のみが行うものではなく、社会的養護のもとで育つ子どもに関わる大人や職員が日頃の関わりの中で行っていることでもあります。

　また、虐待を受けてきた子ども達は、「試し行動」や「リミットテスティング」と呼ばれるようなわざと大人を怒らせるような行動や言動を取ったり、「どんなことをしても自分のことを受け入れてくれるのか」と職員の限界を試すような行動を取ることがあります。このような行動に対して、虐待を再現するような対応を保育士・児童指導員がせずに、そのような行動を取ってしまう子どもの気持ちを言語化できるように促していくことが求められます。時には、子どもから職員へ暴力として表現されることがありますが、暴力に至る背景にある対人関係の構築の仕方についての問題や、感情コントロールの問題などに焦点を当て、子どもと根気よく対話をしていくことが求められます。

　このような施設養護の中で行われている生活の営みや養育そのものが、家庭を離れて社会的養護の基で育つ子どもたちにとっては、治療的な意味を持つとも考えられます。

[木村　秀]

❖ 引用・参考文献

1 ）Albert E. Trieschman, Larry K. Brendtro, James K. Whittaker The Other 23 Hours: Child Care Work with Emotionally Disturbed Children in a Therapeutic Milieu Walter De Gruyter Inc. 1969（西澤哲訳『生活の中の治療―子どもと暮らすチャイルド・ケアワーカーのために』（中央法規、1992年））

Q37 どのような理由で入所するのですか？

　厚生労働省が5年ごとに行っている調査によると、児童養護施設の子どもたちの措置理由（養護問題発生理由）は、表のとおりです。親の課題が主な要因です。親の離婚や行方不明、入院等が減り、虐待が年々増加していますが、これらは複合的に絡み合っています。親は様々な課題を抱えていることがわかります。

　親子での生活を分離し、一時保護に至るまでの対応は児童相談所の担当児童福祉司が行います。家庭外の保育所や学校、時には病院や学童保育から知らない内に子どもを突然連れていかれることもあります。子どもと引き離された親にとって児童相談所は、決して"味方"ではなく、始めから敵対関係にある場合もあります。更に施設入所に当たっては、親が同行するケースは少なく、施設の名前も場所も明かしていない場合もあります。様々な問題があるにせよ、親の事情を理解し、丁寧に関わり、家族再統合に向けて計画的に進めていくことが必要です。　　[松田　雄年]

表　児童の措置理由（養護問題発生理由）

	1992年	2018年		1992年	2018年
（父・母・父母の）死亡	1,246人 [4.7%]	684人 [2.5%]	（父・母の）就労	2,968人 [11.1%]	1,171人 [4.3%]
（父・母・父母の）行方不明	4,942人 [18.5%]	761人 [2.8%]	（父・母の）精神疾患等	1,495人 [5.6%]	4,209人 [15.6%]
父母の離婚	3,475人 [13.0%]	541人 [2.0%]	虐待*	4,268人 [16.0%]	12,210人 [45.2%]
父母の不和	429人 [1.6%]	240人 [0.9%]	破産等の経済的理由	939人 [3.5%]	1,318人 [4.9%]
（父・母の）拘禁	1,083人 [4.1%]	1,277人 [4.7%]	児童問題による監護困難	1,662人 [6.2%]	1,061人 [3.9%]
（父・母の）入院	3,019人 [11.3%]	724人 [2.7%]	その他・不詳	1,199人 [4.5%]	2,830人 [10.5%]
			総数	26,725人 [100.0%]	27,026人 [100.0%]

（出典：厚生労働省「社会的養育の推進に向けて」（2022年3月31日）より作成）
※虐待には「放任・怠惰」「虐待・酷使」「棄児、養育拒否」が含まれる。

Q38 施設で暮らす子ども同士の関係はどのようなものですか？

　児童養護施設の子ども同士の関係について考えるとき、いくつもの要素があり汎用性のあるかたちで表現することは難しいところがあります。この用語説明にあたり、児童養護施設に入所している高齢児の小舎やグループホームにおける人間関係がどのようなものなのかについて解説します。

　このように極めて限定的に説明するにしても多くの要素があり、男女や長期措置児と短期措置児、逆境体験の有無などさまざまです。施設入所した段階でこれまで知らなかった子ども同士が同居体験をします。そもそも人間関係の構築が難しい子どもたちにとって、支援する職員のアシストが不可欠なものとなります。

　子どもたちに「あたりまえの生活」を提供することで情緒面での安定を図ることはもとより、これまでの逆境体験について見つめ直し、新たな生活環境をより良くするために寄り添う姿勢が求められます。時として、子どもたちがこれまで知らず知らずに身に付けてきた誤った価値観や倫理観に対し、支援者として「わたしはこのように考える」などの、わたしメッセージによって子どもの気づきをサポートすることも必要です。

　近年、施設に入所する年齢も高齢児化しており、支援の困難性は増大する一方ですが、問題が起こった時は支援者と子ども同士が向き合うチャンスと捉え、徹底的に話し合うことが問題解決の一助になります。

　また、居室の子ども同士の関係を良好なものにするには、住環境も重要な要素です。子どもの居室に個人のプライベートがあり、子ども同士の関わりを望まない時は一人になることができる空間があり、またトラブルになりそうな時に回避できる場所になる。手の届きそうな距離に子どもが密集している必要がないことで暴力の予防にもなり得ます。

［木塚　勝豊］

Q39 児童養護施設の行政機関による監査について説明してください。

児童養護施設の行政指導監査は、「児童福祉行政指導監査要綱」に基づいて施設を認可した都道府県が実施します。監査の目的は、「児童福祉施設の設備及び運営に関する基準」等関係法令に照らして必要な場合は指導し、適正な運営を確保するものです。

監査の方針と主な内容は、施設を運営するための費用（措置費）の事務処理と経理の状況、建物・設備の管理状況、子ども一人ひとりの養育とその家族への支援等の内容と実施状況、施設長はじめ職員の配置や勤務条件など施設の運営管理全般にわたって総合的に行われます。民間施設については、継続的に安定して経営するための財政的基盤の状況を把握するとともに、施設が創意工夫し努力している点にも着目し、形式的で画一的な指導にならないよう留意するとされています。

監査の方式は、一般指導監査と特別指導監査があり、監査を効率的に行うために自主点検表の事前提出をします。また、実施時期は事前に通知があり、施設の諸般の事情等が考慮される場合もあります。指導監査班は、監査事項の区分（経理、運営、子どもの支援など）ごとに十分な知識と経験を持つ2名以上の行政職員で編成されます。

一般指導監査は、施設を訪問して関係書類を見ながら施設長や担当職員から説明を聴き監査をします。年1回以上行うこととしています。特別指導監査は、問題がある施設に対して特定の事項について必要に応じて行われます。

監査結果については、監査終了後講評が行われます。評価区分には助言指導、口頭指導、文書指摘の3段階あり、文書指摘については公表され、指導・指摘された事項については計画的な改善が求められます。

[髙橋　久雄]

❖引用・参考文献
・厚生労働省「児童福祉行政指導監査の実施について（通知）」https://www.mhlw.go.jp/web/t_doc?dataId=00tb6874&dataType=1&pageNo=1

Q40 措置費の仕組みを教えてください。

　措置費は、措置権をもつ自治体の長が、児童を児童福祉法による福祉の措置として、児童養護施設等へ入所させた場合、その委託費等として施設に支払われるものです。これらは施設の運営に必要な経費であり、入所児童の処遇費、職員の人件費及び施設の維持管理費等で構成されています。支払いの方法、費目については施設の規模、地域、職員の配置状況、入所児童の年齢等によって異なり、その内容は多岐にわたり複雑です。

　1947（昭和22）年に制定された児童福祉法第27条で、措置権をもつ自治体の長が、福祉サービスを必要としている児童を施設に入所させたり、里親に委託する手続きが措置と名づけられました。これによりこの制度は措置制度と呼ばれることとなり、措置された施設が民間施設であれば、この施設にその委託のために必要な費用が支払われます。これを措置費といい、この制度が措置費制度と呼ばれることになりました。

　措置費は、事務費と事業費に大別されます。事務費は、施設を運営するために必要な人件費、管理費及び民間施設給与等改善費をいいます。人件費は、職員の確保に必要な給与、賞与、法定福利費等で、管理費は、施設の維持管理に必要な旅費、研修費、補修費等で構成されています。民間施設給与等改善費は職員の定期昇給額、処遇改善に充てることができるよう構成されています。事務費は近年、児童養護施設の小規模化かつ地域分散化、多機能化の方向性を担保するものとして、多くの費目が新設されています。事業費は、直接入所児童のために使われる経費で、生活諸費、教育諸費、その他の諸費で構成されています。

　措置費の額は保護単価という形で示されます。保護単価とは、積算された措置費年総額を12月で除して月額とし、さらに児童定員で除して児童一人当たりに均したものです。この保護単価は、各年度のはじめに措置権をもつ自治体の長により、各々の費目ごとに設定されます。実際には、国の交付基準で示される保護単価によりそのまま設定することとされており、国の交付基準がガイドラインとなっています。このように

設定された各々の費目ごとの保護単価に、措置児童の定員数もしくは現員数を乗じた合計額が、毎月施設に支払われる措置費となります。このようにして支払われる措置費の合計額を支弁額といいます。

事務費の毎月の額は、児童養護施設の場合、保護単価に定員を乗じて得られた金額となり、事務費の定員払いとよばれています。措置費児童数の変動に影響されることなく、定員に対応する職員所要経費が固定的に支弁されることとなっています。

ただし、事務費の定員払いは、定員と現員との差が少ないことが前提となっているために、措置児童数の減少等により定員と現員に10%以上の差が生じた場合には、その満たない数に定員を改定し、これが困難なときは暫定定員を設けなければなりません。これを暫定定員制度といいます。

事業費は同じように設定された各々の費目ごとの保護単価に、児童の月の初日の現員数を乗じた合計額が、毎月施設に支払われる事業費となります。この合計額を事業費の支弁額といい、事業費の現員払いとよばれています。

[河原　一郎]

❖引用・参考文献

・公益財団法人児童育成協会監修「児童保護措置費・保育給付費手帳」（令和2年2月20日発行）

Column 5

卒園後の生活

　3月21日、児童養護施設を巣立つ日。「今日からわたしは自分一人で生きていかなきゃいけないんだ」と、差し迫った様子で職員のメールに返信したことを最近になって知ったわたし。不思議と卒園直後のことは覚えていません。

　初めてだらけの一人暮らし。施設でできなかったことができる喜びは、やってはいけないことをやる時のハラハラ感があり、最初はそれが快感でした。友達の家に泊まる、自分の家に友達を泊める、朝帰りをする、芸能活動をはじめるなど、最初の一年で全部やりきりました。

　その一方で、これまで感じなかった一般家庭との差を知り、辛くなった時期もありました。

　というのも、卒園後の基本的な生活は、午前中から午後5時まで短大、午後6時から11時までアルバイトというものになり、多い時では3つのアルバイトを掛け持ちして、平日も土日も、深夜まで休みなく働かなければいけない状況でした。ただ、そのように働いても月10万円程度を稼ぐので精一杯であり、当時、家賃など生活に関する固定費が約9万円だったため、アルバイトもほとんど休むことができないギリギリの生活でした。

　しかし、周りにいる友達は一般的な家庭で生活する人たちで、保護者から仕送りをもらい、アルバイト代のほとんどを遊びに使う人が多くいました。そのような状況から「なぜ、わたしだけ生活費のためだけに働かなくてはいけないんだ」と思うようになり、だんだんと友達と自分は違うんだという疎外感を覚え、最終的にはその差に精神が耐えられなくなりました。そうして学校を休むようになり、単位が足らず留年が確定。この時、何よりも辛かったのは、この悶々とした気持ちを誰にも相談することができなかったことです。

　わたしが経験したように18歳で経済的・精神的・職業的に自立をしなければいけない状況は酷なことだと思います。ただ、わたしはこうも思います。それによって得られた力を見出す人を増やしたいなと。　　　　　［田中　れいか］

乳児院とはどのような施設ですか？

　乳児院は、児童福祉法第7条及び第37条等によって規定された児童福祉施設です。児童福祉法第37条には、「乳児院は、乳児を入所させて、これを養育し、あわせて退院した者について相談その他の援助を行うことを目的とする」と規定されています。父母の行方不明・死亡、虐待、父母の精神疾患、経済的理由による養育困難など、さまざまな理由により保護・養護を必要とする乳幼児が一時的に、保護者から離れて養育されている施設です。

　家庭で育てられない子どもを、保育士、児童指導員、看護師、栄養士、心理職、家庭や里親を支援するソーシャルワーカーなどの専門スタッフが、24時間、365日家庭に代わって支援しています。

　利用の相談窓口としては、各都道府県・指定都市にある児童相談所となっています。児童養護施設の場合、基本的には児童相談所で一時保護をし、行動観察等を行ったあと、児童養護施設への入所という流れになっていますが、児童相談所には乳児の一時保護機能がないため、乳児院へは、児童相談所が虐待通告等で緊急的に乳幼児の保護が必要な場合、直接、乳児院へ一時保護や入所という形で保護するケースもあります。

[平田　浩]

Q42

乳児院で暮らす子どもたちの状況について説明してください。

　全国に乳児院は、2021（令和３）年３月現在145か所あり2,472人の子どもたちが生活をしています[1]。おおむね０歳から２歳までの乳幼児が養育されていますが、中には生まれて間もない新生児が保護される場合もあります。現在では、就学前までの子どもも養育できるようになっています。乳児院での保護に至る主な理由の中で「虐待」とするものは全体の約４割を占め、その過半数はネグレクトです。また、医療や発達支援等の対応が必要な子どもたちも多く、適切な養育を受けてこなかった子どもたちにとって、そのような環境下での生活は、身体的・心理的・社会面の発達に大きな影響を及ぼします[2]。

　施設に保護された当初、職員の声のトーン、髪型、服装、振る舞い、におい等が親と似ていると感じ取り、笑ったり、泣いたりせず職員の声かけにも反応がなく表情もない、抱っこされても手を下げ職員をつかもうとしない、大きい声や物音に反応し固まって動けなくなってしまうなど、関わる中で違和感を覚える子どもたちと出会うこともあります。職員としては、家庭でどのような生活を送ってきたのか、どんな気持ちだったのだろうかと心が痛むケースも多くあります。そのため乳児院では生まれてきたこと、出会えたことへの感謝と子どもたちとの日々の生活を大切に、栄養バランスのとれた食事、季節を感じられる行事、子どもの誕生日を大切にし、子ども一人ひとりが健康で元気に成長できるよう養育を行っています。

[平田　浩]

❖引用・参考文献

１）厚生労働省「社会的養育の推進に向けて」（2022年３月）
２）社会福祉法人全国社会福祉協議会・全国乳児福祉協議会「『乳幼児総合相談支援センター』をめざして　乳児院の今後のあり方検討委員会報告書」（2019年９月）

Q43 乳児院における家庭支援について教えてください。

　乳児院の役割の一つに、乳幼児の健やかな成長と発達と同時に、子どもと親・家庭との関係をつないでいくことも大きな目標となります。子どもたちの約4割が数か月から数年乳児院で生活をした後、家族のもとへ帰っていきます。

　乳児院で生活することとなった家庭環境の背景に、特に母親にとって結婚や夫の転勤等により住み慣れた地域を離れ、見知らぬ土地での生活が地域や保育所・幼稚園に溶け込めず、親しい友人もなく、相談する相手もなく不安と孤独感を感じ、虐待など不適切な養育となってしまう場合が少なくありません。もう一度、子どもと親・家族が肯定的なつながりを継続すること、又は回復し、一緒に生活できるようにするためにも、親支援、家庭支援は欠かすことができない重要なことです[1]。

　ただ、家族の思いや形にもいろいろとあり、親と子どもが一緒に生活することが全てではなく、程よい距離を保つことの方がよい親子関係を築くことができる場合もあります。その家族にあった親子関係の再構築を基盤に地域、市区町村、医療機関等とつなぐことが子どもの成長、発達を保障することとなり、家庭が健全であることが重要な要素となります。

[平田　浩]

❖引用・参考文献

1）平田ルリ子「子ども虐待の「今」　乳児院における家族支援を通して──乳幼児総合相談支援センターの実現に向けて」『子どもの虐待とネグレクト』24（1）（2022年）

Q44 乳児院において愛着形成はどのように されているのですか？

　本来であれば、親や家族から愛情をたっぷり受けながら育つはずだった子どもたち。

　母子分離となり、親・家族と離れ、不安な環境下での生活を余儀なくされた乳幼児にとって母親は特別な存在です。生まれた時からそばにはいつも母親がいて、24時間付きっきりで自分のことを見てくれる大切な存在です。母親にとっても「生まれてきてありがとう」と子どもの表情、言動に一喜一憂し、愛情を注いでいきます。しかし、さまざまな理由により一緒に生活できなくなり、乳児院で生活する子どもたちは、まだまだ言葉でのコミュニケーションがうまくできないため、小さい身体で「おむつを替えて。お腹がすいた。遊んで」と思いっきり表現をしてきます。職員は子どもの表情や行動から何を訴えているかを推測し、支援をしていくことになりますが、その支援が子どもの要求と違い、更に行動がエスカレートしてしまうこともあります。そういった日々の経験を積み重ねながら子どもとの距離を縮め、子どもにとって職員が心地よい存在となり、母親的、父親的存在へとなっていきます。乳幼児期の愛着形成は、その後の子どもの人生における土台作りとなる大切な時期と言えます。

　乳児院に預けられた子どもの約4割が家族のもとに帰りますが、約6割は家庭があっても帰るにはまだまだ時間がかかるということになります。その場合、子どもの年齢や特徴により里親、児童養護施設、障害児入所施設等に生活の場所が変わり、また新たな大人との関係構築が求められることになります。乳幼児にとって生活の場所の変化はあまり好ましくありませんが、子どもが安心できる大人との出会いと継続的な支援、育ちをつないでいくことが、守られていると実感し、安定した生活につながっていくものだと思います。

[平田　浩]

Q45

児童自立支援施設とはどのような施設ですか？

　児童自立支援施設は、児童福祉法第44条に基づき、「不良行為をなし、又はなすおそれのある児童及び家庭環境その他の環境上の理由により生活指導等を要する児童を入所させ、又は保護者の下から通わせて、個々の児童の状況に応じて必要な指導を行い、その自立を支援し、あわせて退所した者について相談その他の援助を行うことを目的とする」とされています。児童自立支援施設は、日本における児童福祉施設の中で最も古い歴史を持ちます。1883（明治16）年に宗教家である池上雪枝が作った私設の「池上感化院」が源流とされています。その後、民間の篤志家により「感化院」が全国に設立され、1900（明治33）年に感化法が制定されます。1914（大正3）年に留岡幸助が「北海道家庭学校」を開校します。留岡幸助は「不良少年の多くは悪むべきものあらずして寧ろ憐れむものなり」とし、「家庭にして学校、学校にして家庭たるべき境遇」を与えるべきとし、現在の夫婦小舎制の支援形態を作ったと言われています。以降「感化院」は「少年教護院」「教護院」「児童自立支援施設」と法制度と共に、名称を変えながら120年以上もの時を経ています。

　その対象は、主に非行少年になり、児童福祉法による児童福祉施設になります。よって公共性の高い施設として、すべての都道府県に設置義務があり、全国に58か所あります（うち国立2か所、公立54か所、私立2か所）。その約3分の1にあたる施設が、現在でも「夫婦小舎制」という支援形態を継続し、実際の夫婦が寮舎で起居を共にしています。筆者も妻である寮母と二人の実子と共に入所児童と生活をしています。一方、約3分の2の施設は、交替制で5～8名くらいの職員で日勤、遅番、宿直という勤務体制で一つの寮舎を運営しています。　　　[関根　礼]

❖引用・参考文献

・厚生労働省雇用均等・児童家庭局家庭福祉課『児童自立支援施設運営ハンドブック』（2014年）
・富田拓「児童自立支援施設と愛着」『そだちの科学』No.33、2019年、51-56頁
・関根祥子「児童自立支援施設の暮らしから」『福祉が世界を変えてゆく』（上智大学出版、2017年）23-37頁

Q46 児童自立支援施設で暮らす子ども達にはどのような背景がありますか？

　児童自立支援施設に入所する子どもたちは、主に非行少年です。入所児童の多くは中学生ですが、中には小学生や中卒生もいます。入所理由は、暴力、窃盗、器物破損、夜間徘徊、性加害、学校や施設不適応、等々様々です。男女各一つある国立の児童自立支援施設の場合は、時に殺人例も措置されるなど、重大な非行を犯した子も入所しています。同じく非行少年を対象とする少年院との違いは、必ずしも非行の軽重だけではなく、より対象年齢が低く、また初発非行年齢が低く、より家庭環境が劣悪であり、かつ精神的な問題を抱えている子が多いのが実際です。その背景には、虐待、貧困、子どもの特性、環境的な問題、その他逆境的な経験などが要因としてあります。

　児童自立支援施設への入所経路は、児童相談所の「児童福祉施設入所措置」によって入所する経路と、家庭裁判所の少年審判における「保護処分」によって児童相談所を経由して入所する経路があります。非行少年を対象とする施設なので、刑務所や少年院のような閉鎖的なイメージを抱かれやすいですが、実際は、高い塀や強固な門がない開放的な施設になります。多くの児童自立支援施設は自然豊かな広い敷地の中に複数の寮舎が点在し、一つの寮舎に数名から十名前後の子どもたちが生活をしています。施設内には分校や分教室があるため、行事や帰省などを除いて24時間施設内で完結するところが他の児童福祉施設と異なるところです。最近の傾向は、いわゆる昔ながらの「非行少年」は減少し、代わって発達障害や愛着の問題を抱え、何かしらの行動上の問題がある子どもが多くなっています。児童虐待のみならず、家庭内外での関係性構築の課題を抱える子どもが圧倒的に多くなっています。　　　　　［関根　礼］

❖引用・参考文献
・厚生労働省雇用均等・児童家庭局家庭福祉課『児童自立支援施設運営ハンドブック』（2014年）
・富田拓：「児童自立支援施設と愛着」『そだちの科学』No.33、2019年、51-56頁
・富田拓『非行と反抗がおさえられない子どもたち』（合同出版、2017年）

「枠」と「育て直し」による支援とはどのようなことですか？

　児童自立支援施設の生活は、「枠のある生活」と表現されることがあります。それは、子どもが健全に成長するための生活の中の構造化を意味しています。入所してくる子どもたちの特性を考えれば、子どもに無秩序な状態で生活を送らせれば、子どもの行動はどうなるのかは明らかです。したがって、生活秩序を維持・確保することが必要であり、そのためには規則や日課といった構造化が必要なのです。

　職員の職種や専門性、配置基準、支援形態といった「人的な枠組み」、日課などによる「時間的な枠組み」、寮舎の構造や配置という「空間的な枠組み」、自然、環境、雰囲気という「環境的な枠組み」、規則やルールなどによる「規範的な枠組み」などがあります。これら「枠」の意義は、「規則正しい生活を営むことを習慣づけること」「外部刺激を一定程度遮断すること」にあります。

　一方で、あくまで児童自立支援施設は、児童福祉施設です。一つの寮で10名程度までの子どもたちを、比較的少人数の職員（交替制）、あるいは実際の夫婦（夫婦小舎制）が担当することによって疑似家族的な環境を提供し、その中で子どもたちを成長・改善させようとしています。おおよそ1年〜2年ほどの入所期間の間、24時間施設内で過ごすことになるため、職員と子ども、あるいは子どもたち同士の関係はとても濃厚なものとなっています。特に、夫婦小舎制では、実際の夫婦（寮長、寮母）と寮舎で生活を共にすることで、愛着を形成することに特化しています。劣悪な家庭環境が非行の大きな要因であると考えると、それに代わる愛着形成により、「育て直し」の支援が行われているのです。

［関根　礼］

❖引用・参考文献

・厚生労働省雇用均等・児童家庭局家庭福祉課『児童自立支援施設運営ハンドブック』（2014年）
・富田拓「児童自立支援施設と愛着」『そだちの科学』No.33、2019年、51-56頁

Q48 児童自立支援施設と他機関はどのように連携していますか？

　児童自立支援施設での支援は、施設単独で完結できるものではなく、子どもの受け入れ以前から、地域に戻って自立を果たすまでを通して、常に連携と協働が求められています。

　入所措置との関係では、児童相談所、家庭裁判所、少年鑑別所からの情報提供は必須になります。次に、子どもの入所中の連携では、児童相談所はもちろん学校との連携がとても大切になります。現在では、ほとんどの児童自立支援施設で学校教育の導入が図られました。それと共に、子どもたちの高校進学希望者が明らかに増えているので、施設内学校はもちろんのこと、地域の原籍校との情報共有はなくてはなりません。卒業後の進路についてはもちろんですが、卒業前に復学するケースもあるので、「子どもの最善の利益」を叶えるための最善の策が望まれます

　また、医療機関との連携は言うまでもありません。施設では、発達障害や小児精神疾患などの診断治療が求められる事例も増えています。アレルギーなどの問題への対策も求められるため、医療のニーズは高く、施設への看護師などの医療系職員の配置の要望も高い状況です。すでに、医療職の配置のある施設や、施設内学校に養護教諭が配置されている場合もあります。そして、退所調整、退所後に向けての連携では、子どもが施設から安心して帰るためには、児童相談所、市町村の子ども家庭相談体制の充実に加え、要保護児童対策地域協議会のネットワークを活用した地域での支援や、児童委員・主任児童委員の活躍なども期待したいです。

　最後に、児童自立支援施設で生活する子どもたちは、その他の社会的養護で生活した経験があることも珍しくありません。そのため、乳児院、児童養護施設はもちろん、児童心理治療施設、ファミリーホーム、里親などとの情報共有や連携は当然必要です。ライフストーリーワークなどで協力を依頼する場合もあります。また、乳児院を除くそれら関係機関は退所後の措置変更先として受け入れてもらう場合もあります。[関根　礼]

❖引用・参考文献

・厚生労働省雇用均等・児童家庭局家庭福祉課『児童自立支援施設運営ハンドブック』（2014年）

Q49 児童自立支援施設における教育権の保障はどのように行われていますか?

　1998（平成10）年の児童福祉法改正により、児童自立支援施設の施設長にも新たに入所児童に対する就学義務が課せられ、施設内で教員による学校教育（公教育）を実施することになりました。改正以前は、施設職員が中心となり、「準ずる教育」という位置付けで入所児童の学科指導を担ってきましたが、改正法により正規の教員による学校教育を施設の中で展開することになりました。現状では、多くの施設が「分校」や「分教室」での教育形態による方法を採っています。学校教育を実施するにあたって、展開する場が施設内であり、対象児童がさまざまな理由をもとに児童相談所や家庭裁判所の判断で入所しており、生活上や教育上、困難な状況下に置かれている子どもであるという点が一般学校と大きく異なるところです。そのため、抱えている問題が多岐にわたっているので授業自体を受けることが困難な生徒も多く、一般学校と同じような学習指導や生徒指導の展開がかなわない現場でもあります。

　それでも学習に拒否的だったり、学校で荒れた経験がある子どもに、基礎的・基本的な学習内容を身に付けさせて新たな能力を引き出したり、学習場面での成功体験を積ませることが、日常の生活場面にもよい影響を及ぼすことが期待できます。また、児童自立支援施設が非行少年を対象にし、生活指導を行うことを目的とするならば、学校の役割としては、単に一般学校と同様の教育課程を遂行するにとどまらず、法教育や性教育、道徳教育や進路指導など、多様な領域での特別支援的な取り組みが期待されています。学校教育が導入されて以降、入所児童の高校進学率や高校進学希望者が増えているのは事実です。　　　　　　　　[関根　礼]

❖引用・参考文献
・厚生労働省雇用均等・児童家庭局家庭福祉課『児童自立支援施設運営ハンドブック』（2014年）
・小林英義『もう一つの学校―児童自立支援施設の子どもたちと教育保障―』（生活書院、2013年）
・野田正人「非行問題と学校」『世界の児童と母性』Vol.81、2017年、49-53頁
・相澤仁（編）『施設における子どもの非行臨床』（明石書店、2014年）

子どもたちの反抗的な言動について考える

　子どもの年齢や性別、能力や適応状況によって千差万別ですが、子どもたちの反抗的な言動は、支援する側にとっては悩ましい問題であることは間違いありません。特に経験が浅い支援者にとっては、子どもたちの攻撃的な言動は恐怖であり、支援者である自分の否定とも受け取られ、その結果、自信喪失やメンタル不調になることも稀ではありません。子どもたちの反抗の多くは、支援者個人に対する嫌悪感ではなく、「大人」あるいは「子ども自身に何らかの影響を与える人物」に対する漠然とした不安であったり、愛情欲求の裏返しであったりします。そのような子どもの言動に適切に対処するためには、反抗的な言動の背景を理解する必要があります。これは、「行動の要因を探り、それを除去する」といった医学モデルに依拠したものではなく、今の子どもの心象風景を理解し、支援者が子ども自身と共にそれに向き合う姿勢を示すということです。理解を深める方法論としては、スーパービジョンやケースカンファレンスがあげられますが、要するに支援者個人がそれを抱えるのではなく、チームや組織で対処するということです。

　また、子どもを理解することと、他に害を及ぼす行動を容認することとは全く別物であることは認識する必要があります。どのような思いがあろうとも、他者の心身や共有物に危害を加えることを許容してはいけません。力に対して力で抑えることではなく、暴力的な言動に対しては毅然と対応し、「駄目なことは、どのような場合でも駄目である」といったメッセージは伝えなければなりません。もちろん虐待は論外ですが、子どもにとって、適切に「叱られる」ことを経験することは、成長発達における重要な要素であることも忘れてはならないでしょう。　　　　　　　　　　　　　　　　〔遠藤　洋二〕

Q50 児童心理治療施設とはどのような施設ですか？

　家庭や学校生活で生きづらさを抱え、社会生活への適応が困難となった児童が入所、又は通所する施設です。児童福祉法第43条の２で定められた福祉領域の施設ですが、医学及び心理学の概念、方法論を、子どもたちの日々の生活の基本的な枠組みに導入している「治療」施設です。1962（昭和37）年に児童福祉法に規定された当初は軽度情緒障害（Emotional　Disturbance：'心や体や行動の一時的な乱れ'くらいの意味）の小学生を対象にしていましたが、最近では被虐待や、発達障害、不安定な愛着を抱えた子どもたちが増えており、また対象年齢も20歳までとなり、高校生が在籍する施設も多く、退所した後も支援を行うこともあります。

　施設には、保育士、児童指導員、セラピスト、家庭支援専門相談員、医師、看護師、栄養士、調理員、及び事務員などが配置され、またほとんどの施設で施設内学級や分校を併設し、教員と一体になったケアを展開しています。児童心理治療施設（以下「児心」）は、多くの専門職の緊密な連携の下で、「医療」「生活」「教育」の各領域が役割分担をしながら個々の子どものニーズに合わせた最適な治療的環境を作るという「総合環境療法」を支援の基本に据えています。施設全体（人、建物、活動、集団、文化……）を資源として捉え、ケアにあたる職員がその資源をどのように組み合わせて、子どもの生活に取り入れていくのか話し合いながら支援を進めています。

　施設としての行事やクラブ活動、ソーシャルスキルトレーニング（SST）などの集団療法的なグループ活動も、施設の特徴に合わせて積極的に取り入れられています。

　2022（令和４）年９月現在、全国に53施設が開設されていますが、開設されていない都県もあります。

［高山　嘉史］

Q51

児童心理治療施設で暮らす子どもたちには どのような背景がありますか？

　全国児童心理治療施設協議会の実態調査によると、2021（令和3）年10月時点では全国で在籍している子どもたちのうち、被虐待児は約80％、自閉症スペクトラムを疑われる子ども約40％、軽度知的障害約6％、となっています。さらに、精神科薬物療法を行っている子どもは62％に及びます。落ち着きのなさ、情緒不安定、暴言・暴力、大人への反抗、不登校やひきこもり、パニックなどの状態を示す子どもたちが入所してきます。子どもたちのほとんどが仲間づくりや集団の中にうまく適応していくことが苦手です。近年の傾向としては、暴力という行動問題があってもその裏には、他の子どもとうまく関われないことから、孤立して脅かされているように感じている孤立しがちで精神的に脆い子どもたちが多く入所しています。

　児童養護施設に入所しているなど社会的養護にある子どもたちは多かれ少なかれ、不適切な養育を受けてきた場合が多いのですが、それに加えて児童心理治療施設の子どもは、本人の特異的な発達特性や被虐待の影響によって生じた対人関係の障害が適切にフォローされず、より問題が大きくなって不適応が高じてしまったというケースが多く見られます。家庭や学校などの社会生活において、環境を変えなければ本人も家族も地域も支えきれないという所が焦点化され入所に至る場合が多くあります。施設の中では例えば次のような子どもたちが典型的に見受けられます。

　人と接するときの距離が近く、頻繁に身体接触をしてくる子ども。このような子どもは、乳幼児期のかかわりが薄く安心感の乏しい中で育ち、自分と他者の境が薄く、他者の感情や意志を尊重できないので、自分の要求を押し付けたり、自分のことはわかってもらっているのが当然で、自分の意に反したことをされると激怒するということになりがちです。

　教えてもらうことが極端に下手、助言に懐疑的な子ども。幼少期から虐待を受け続けた子どもは、脳が機能的、器質的に変化してしまうと言われています（発達性トラウマ障害）。落ち着きのなさ、攻撃性もこの

虐待の結果として現れてきて、不適切な養育の中で安心感が得られず、攻撃によって自分を護る対人様式を方策として獲得してしまっています。また、あやしてもらったり宥めてもらったりしながら獲得する自分の感情を調節する機能も不十分なため、他者からの指摘は自分の意に沿わないと攻撃的に拒否してしまいます。

　虐待によるトラウマを強く持つ子どもの中には、お風呂場で目をつぶって頭にお湯をかけることができない子がいます。目をつぶった瞬間に何かに脅かされるかもしれないからです。自分を護るのに必死なので、他者を信頼し受け入れることはとても難しいのです。

　人を傷つけることを平気で言ってしまうが、相手には自分が受け入れられていると思っているという認識のずれが目立つ子ども。こだわりが強く、自分なりの独特の見方をしてしまう発達障害的特性を持ちながら、不十分な養育の中で共感性を育てる家族関係、対人関係にも恵まれず、他者視点の獲得が困難なまま育ち、対人関係の失敗を繰り返してしまう。自分の納得がいかないまま叱責を受けたり、対人トラブルを繰り返したりしているうちに他者不信を強め、他者からのかかわりを被害的な認識で捉えてしまう、といういわゆる「二次障害」に至っている子どももいます。

　いくつか例を挙げてきましたが、ここには近年の児童心理治療施設の子どもたちの特徴としての脆弱性、未熟性、発達的特異性が現れています。これが、社会的自立を試みていく中で自立の問題に直面した時も、「頑張れない」「人に頼れない（発信できない）」という形で表れ、社会的なセーフティネットにかかることさえ難しいという状況になってしまっている子どももいます。よりサポーティブな手厚い自立支援が求められますが、これは児童心理治療施設に在籍している子どもたちの課題と共通したものがあります。

［高山　嘉史］

Q52 児童心理治療施設における治療と生活支援はどのようなものがありますか?

　安全で穏やかで信頼できる環境が施設の生活に保障されていることが治療の出発点になります。施設の大多数の子どもが虐待を受け、慢性的なトラウマ性の体験をしており、睡眠、気分の変調のみならず、感情調節の障害や否定的な自己意識、対人不信など、人格全般に影響が及んでいる（発達性トラウマ障害）という状態にあるわけですから、生活全般が子どもに安心感を与え、人に対する信頼感が醸成されていくようにしていかなければなりません。過敏で被害感の強い子どもたちが落ち着いた状態を保ち、侵襲的なものが未然に防がれ、感じた不安や恐怖を受け止められるには、注意深い細かな配慮や、子どもたちの特異的な発達特性への理解が組み込まれた環境設定と人とのかかわりが求められます。

　例えば具体的には、見通しの立つ生活を保障するために日課やルールをあらかじめ明示する、テンションが上がりすぎないように、刺激になるものは生活空間に置かないようにする、行事で使うバスの席順を子どもたちの人間関係を考慮に入れてあらかじめ決めて伝えておく（生活の構造化）など。子どもたちとのかかわりにおいては、例えば、過去の虐待の影響で大声を出されるとパニックになってしまう子どもに対して常に落ち着いたトーンでかかわる、大人のかかわりを拒絶していた子どもが入浴を心地よく感じていることがわかったら毎日でも大人が入ってその感覚を一緒に味わえるように体制をつくる、真夜中にいつも同室の子どもを起こしてしまう子どもに、どんな気持ちが生じているのか考えてもらい不安な気持ちを汲み取り御守りを渡すなど。特に一見問題行動と思える暴言暴力やこだわりや対人攻撃などの行動の背景に、トラウマ反応が隠れていないかを見ようとする眼をチームで意識していることはとても大事です。

　生活支援は、生活臨床として児心の中心に据えられる治療的契機です。児心の基本と位置付けられる「総合環境療法」は多くの専門職の協働により、この施設での生活を治療的な経験にできるように構成します。日常生活、学校生活、個人心理治療、集団療法、家族支援、社会体験、な

どを有機的に結びつけ、その子どもにあった「生活」を考えていきます。

　総合環境療法のもう一つの側面はチームアプローチであることです。未熟で脆弱性を抱えた子どもたちの入所が多くなった現在、子どもは乳幼児期の発達課題を行動問題として出していることも多く、どうしてもその場合の治療のプロセスは「育ちなおし」になります。担当者は、しがみつかれたり、急に突き放されたり子どもに振り回されます。強烈な転移を受けて狭くなった担当者の視野を客観的にしてくれ、煮詰まった感情をシェアしてくれるのは、専門性をもったチームです。重篤なケースを抱えている児心にとっては、担当者を支え、延いては子どもを支えている「チーム」は重要であると言えます。

　安心な環境と安全感のケアの中で、やがて子どもたちは徐々に自分の心を見つめるようになっていきます。その際も、自我の確立が十分でない子どもたちが面談などの形で気持ちを言語化し表現するのは難しいことが多くあります。親が不安定で兄弟をひどく傷つけたり、自殺未遂を図るという凄惨な体験をして入所した中学生は年上からの嫌がらせがあっても決して助けを求めず弱みを見せませんでした。個人セラピーも拒否でした。今度は自分が年下をいじめ、指導する場面になった時「（年上の嫌がらせの時）お前ら（職員）はおれを助けなかった。おれは怖かった」と話しました。それを聴いた職員は、怖かった気持ちに理解を示し、よく話をしてくれたと応じました。これ以後、周囲の助言は受け付けず理想化したことしか語れなかった自分の将来についても、現実的な進路を話し合えるようになりました。このように、生活場面を「治療的養育」の場として捉え、そこで表現される行動問題も含めた一切のものを心理的発達支援の視点と関係性の発達の視点で取り上げ、子どもの治療、人格的な成長につなげていこうとする「生活臨床」の考え方が児心の治療の特徴と言えるでしょう。

[高山　嘉史]

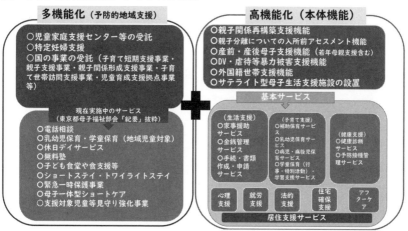

Q53

母子生活支援施設とはどのような施設ですか？

　母子生活支援施設は、児童福祉法第38条に定められた児童福祉施設です。「配偶者のない女子又はこれに準ずる事情にある女子及びその者の監護すべき児童を入所させて、これらの者を保護するとともに、これらの者の自立の促進のためにその生活を支援し、あわせて退所した者について相談その他の援助を行うことを目的とする施設とする」と規定されています。全国に約212施設あり、2,963世帯が入所しており、子どもは4,928人が生活しています。入所の理由は、「夫などの暴力」が55.8％、「住宅事情」が17.4％、「家庭環境の不適切」が9.3％、「経済事情」が9.1％、「その他」になっています。法的には入所期間は設けられていませんが、2年未満が入所世帯全体の59.7％、3年未満だと72.3％になっています。また、母親等が外国籍の世帯は入所世帯全体の6.9％を占めています[1]。

　母子生活支援施設の機能は、母親に対しては、生活支援、子育て支援、就労支援をはじめ、心のケアや自己肯定感の回復を支援する等総合的に自立を支援します。子どもに対しては、生活や学習の基盤を再構築し、

図　母子生活支援施設に求められる機能

（筆者作成）

心のケアをし、安心できる「おとなモデル」を提供します。また、親子関係へ危機介入して、母子分離をせずに、児童虐待の予防をします。親子が分離となっていた場合には、母子生活支援施設で再統合を支援します。さらに、退所した母子家庭や、地域で生活する母子家庭に対し、ショートステイや相談等、アフターケアと地域支援も行います[2]。国はさらに、地域に開かれた施設として、妊娠期から産前産後のケアや親子関係再構築など専門的なケアを提供できる機関となることを求めています[3]。

[横井　義広]

❖引用・参考文献

1）全国母子生活支援施設協議会編「全国母子生活支援施設実態調査報告書」（社会福祉法人全国社会福祉協議会、2021年）
2）厚生労働省「社会的養護の課題と将来像」児童養護施設等の社会的養護の課題に関する検討委員会・社会保障審議会児童部会社会的養護専門委員会とりまとめ（2011年）
https://www.mhlw.go.jp/bunya/kodomo/syakaiteki_yougo/dl/08.pdf　（2022.8.30）
3）厚生労働省「新しい社会的養育ビジョン」新たな社会的養育の在り方に関する検討会（2017年）
https://www.mhlw.go.jp/file/05-Shingikai-11901000-Koyoukintoujidoukateikyoku-Soumuka/0000173888.pdf（2022.8.30）

Q54

母子生活支援施設の暮らしはどのようなものですか？

　建物は、マンションのような個別のスペースで生活ができます。また共有スペースのある施設では、相談室、保育室、学習室、心理療法室等があります。

　支援を考えるにあたり、入所する母親と子どもをどう認識するのかが重要です。すなわち、入所する母親は「３つの傷つき」があると考えています。それは、①DVによる傷つき、②母親自身がきちんと育てられていないということ[1)]、③子どもを産み、離婚したこと等、母に向けられた社会一般の「自己責任論」[2)]です。母親には、これら３つの傷つきをしているという前提で支援を行います。また、子どもたちは、夫婦間の暴力を目撃し、心理的な虐待をうけた子どもたちもいます。そこで、「３つの傷つきを持った母親」、「子どもが子どもでいられなかった子ども達」という認識をもったうえで支援を行います。

　具体的には、心理的・身体的に治療が必要な母子には通院や心理治療を行います。また、離婚に伴う調停や裁判の手続きが必要な場合は、弁護士等につないで法的な支援を行います。元の家族からきちんと育てられた経験のない母親には、施設で日常の掃除、洗濯、ご飯作り、子どもとの関わり方等の基本を職員から学びます。さらに、高校中退や仕事がない場合は、再度教育機会を得るための訓練校や高校等の学び直しの支援をしたり、就労支援を行います。子どもに対しては、施設内の保育や学童保育等を行います。

　母子生活支援施設に入所する意味とは何でしょうか。夫やパートナーからDVを受け、心身ともに支配されていた母親にとっては、施設と出会い安全が守られながら「自分の納得した人生に出会えること」、子どもにとっては、虐待的ではない関わりをしてくれる大人の存在に気づき、学習や行事等を通して、「子どもらしさを取り戻す」過程であると考えます。

[横井　義広]

図 母子生活支援施設の支援

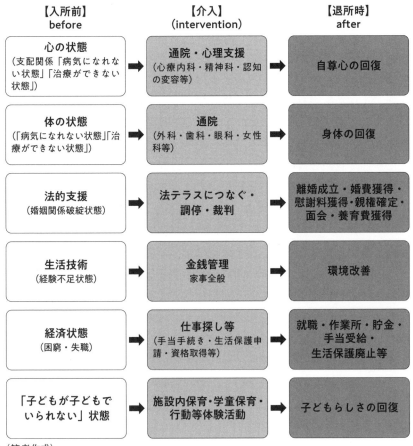

（筆者作成）

❖ 引用・参考文献

1）須藤八千代『母子寮と母子生活支援施設のあいだ―女性と子どもを支援するソーシャルワーク実践―』（明石書店、2007年）38頁

2）横井義広「母子生活支援施設における『困難』な状況にある母子への支援の考え方と方法」資生堂社会福祉事業団編『世界の児童と母性』Vol.87（2020年）22-28頁

Q55

母子生活支援施設で生活する母親が経験したDVの影響と治療について教えてください。

　DV被害を受けると心身に様々な症状があらわれます。具体的には、「精神的ストレスで身体の不調が続いている」「男性に対する恐怖感を持つ」「私は殴られるほどつまらない人間なのか」など、自分への自信をなくしてしまう女性も少なくないと言われます[1]。深刻な負傷や恐れの体験は、フラッシュバックや回避・麻痺（トラウマに関連したことを避けようとする）、睡眠障害や怒り等の感情のコントロールがうまくいかなくなるなど日常生活を送ることが困難になってきます。

　これらの症状は、「心的外傷後ストレス障害（PTSD）」と呼ばれます。母子生活支援施設入所中のDV被害の母親を対象にした調査では、「8割近くにPTSDの可能性が認められた」という結果がでています[2]。

　DV被害等を受けた母親は、自己決定することを剝奪されてきました。そのため施設生活では、小さなことから自分で決めていくことを経験することを心がけます。生活の中で安心して"失敗という名の経験"をしていきます。

　また、入所当初の母親は、引越し、手続き、学校のことや保育園のことで手一杯な状態です。2～3か月すると不調を訴えてくる母親がいます。いままで病気の治療や、病気にすらなれなかった。「やっと病気になれたね。体と心の治療をしましょう」と伝えます。

　入所1年もすると、「施設は窮屈」など言い始めます。わたしたちは母親に「良かったね。だいぶエネルギー貯まってきたね」と話します。入所当初の守られている状況から、職員の寄り添う支援で、母親は少しずつ元気を取り戻します。その間施設に配置されている心理職員も心理療法等でかかわっていきます。医療や心理等の助けも借りながら、生活の中で少しずつ自分を取り戻し回復につながっていきます。

［横井　義広］

❖引用・参考文献

1）「夫／恋人からの暴力」調査研究会『ドメスティック・バイオレンス　新装版』（有斐

閣選書、1998年）

2）下村美刈・川崖真知「DV被害女性のPTSDリスクおよびロールシャッハにみられる特
　徴―母子生活支援施設入所中のDV被害女性を対象として―」『愛知教育大学研究報告』
　58（2009年）73-78頁

Q56 母子生活支援施設と他機関との連携について教えてください。

　母子生活支援施設は、2001（平成13）年より措置制度から利用者が希望する施設を選択できる方式に変わりました[1]。入所にあたっては、市区町村の福祉事務所の母子・父子自立支援員が窓口になっています。何らかの生活上の困難を抱えている母子が、母子生活支援施設で支援を受けながら解決に向けていくことになります。

　DV等による避難が必要な場合は、警察等を経由して都道府県の婦人相談所等の一時保護所に保護された後に入所になります。入所前に、虐待等で児童相談所等の関わりがある場合は継続して関りを持っていきます。また、子どもが乳児院等に入所している場合は、母子生活支援施設で児童相談所と協議しながら、母子の再統合支援を行うこともあります[2]。母親が仕事を失ったり、収入がない場合は、市区町村の生活保護の窓口で受給の申請を行います。また、離婚や親権等の相談が必要な場合は、日本司法支援センター（略称「法テラス」）で法的な支援につなげます。外国籍の母子は、在留資格等について入国在留管理局や大使館と連携を取ります。さらに、子どもは、地域の幼稚園や保育所、各種学校等に通うので、子どもを通じた教育機関との連携も重要です。母子生活支援施設の多くが児童福祉法で規定された要保護児童対策地域協議会の構成機関になっているので、関係機関と連携しながら地域の要保護・要支援家庭の支援機関としても期待されています。

　今後は「母子生活支援施設は、地域に開かれた施設として、妊娠期から産前産後のケアや親へのペアレンティング教育や親子関係再構築など専門的なケアを提供できるなど多様なニーズに対応できる機関となることが求められる」[3]とあり、母子保健分野との連携も重要になっています。

[横井　義広]

❖引用・参考文献
1）厚生労働省「社会福祉の増進のための社会福祉事業法等の一部を改正する等の法律の概要」（2000年）

https://www.mhlw.go.jp/www1/topics/sfukushi/tp0307-1_16.html#no1 （2022.9.25）

２）横井義広「社会的養護施設と児童相談所の連携強化：母子生活支援施設の機能の活用と予防的地域ケアの構築に向けて」『精神療法』46（5）、2020年、597-601頁

３）厚生労働省「新しい社会的養育ビジョン」新たな社会的養育の在り方に関する検討会（2017年）
https://www.mhlw.go.jp/file/05-Shingikai-11901000-Koyoukintoujidoukateikyoku-Soumuka/0000173888.pdf （2022.8.30）

自立援助ホームとは、どのような施設でしょうか？

　児童福祉法第6条の3に児童自立生活援助事業と規定されています。義務教育を修了し、児童養護施設等を退所したものの、何らかの理由で家庭にいられなくなった青年が自分で働き、生活ができるように練習をするために入居しているところです。もちろん施設を退所した子どもだけではなく、何らかの理由で自立せざるを得ない義務教育を修了した子どもも対象となります。自立援助ホームは、社会での就労自立を目指すところのため、入居自体も措置ではなく、本人利用申し込みによる利用契約制度となっています。ホームによって違いはあるものの、主に「仕事をすること」「利用料をおさめること」「自立のための貯金をする」という3つのルールがあります。2008（平成20）年の児童福祉法改正によって、対象年齢が18歳未満から20歳未満に引き上げられたことにより、就労自立を目指す青年以外にも高校在学中の生徒、大学・専門学校等に進学している青年の入所も増えてきました。また、それまで児童養護施設等からの入居が多かったのですが、18歳、19歳も入居が可能となったことで、それまで支援のはざまにいた人たちも入居するようになりました。そして、2016（平成28）年の児童福祉法改正により、大学等に学籍のある入居者については22歳になる年の年度末まで在籍が可能となり、それに合わせて、就学していない入居者も必要に応じて22歳になる年の年度末まで利用できるようになりました。

　このように自立援助ホームを利用できる年齢が上がることによって、自分自身で社会に出るタイミングを決めることができるようになったと考えられます。自立とは自分でなんでもやるということではなく、様々な意見を聞き、その中から自分で選択をし、決めるということだと考えます。自立援助ホームでは、それまで自分で決めることを保障されなかった彼らが自分で決めるということを保障する支援を行っています。

[恒松　大輔]

Q58 自立援助ホームは、どのような人が対象になりますか？

　自立援助ホームを利用する理由は、虐待、貧困、非行など様々です。しかし共通して言えるのは、家庭に居場所がない青年、児童養護施設を退所しても家庭に帰れない青年たちです。以前の自立援助ホームは他の社会的養護関係施設と同様、18歳未満が対象となっていました。その当時は児童養護施設等の次のステップという意味合いが強かったのですが、2008（平成20）年の児童福祉法改正により、対象年齢が20歳未満に引き上げられたことで、家庭に問題がありながらも思春期年齢になるまで問題が表面化しなかった青年らが、家庭から直接入居する割合が増えてきました。現在では家庭から直接入居した青年の方が、社会的養護関係施設から入居する青年よりも割合は高くなっています。

　家庭から来る青年の中には高校に在学している子どもたちも多くおり、そのような高校生を支援するための制度ができたり、大学・専門学校等に進学する青年が増えてきたことに合わせ、就学中の青年に限り、22歳になる年の年度末までの入居を可とする就学者自立援助事業が児童福祉法の改正により制度化され、それに合わせて就学者以外の青年も補助金事業によって、22歳になる年の年度末まで在籍することが可能となりました。

　2024（令和6）年に施行される改正児童福祉法ではこの年齢制限が撤廃されるため、今後はさらに社会的自立までの時間が長くなることが予想されますが、それはとても大切なことだと考えられます。傷ついた心のケアは傷つけられた期間の倍はかかるとも言われています。自立援助ホームを利用できる期間が長くなれば、それだけケアを行う期間が延びるということになります。

［恒松　大輔］

Q59 自立援助ホームでは、どのような支援を行っていますか？

　自立援助ホームでは、大きく分けて以下の３つを大切に支援を行っています。

① 当たり前の生活

　自立援助ホームを利用する青年たちは、ここにたどりつくまで、大変厳しく、過酷な養育環境で育ってきていることがほとんどです。本来ならば当たり前に経験していること、体験していること、学んでいることができていない場合があります。これは特別なことだけではなく、例えば三食決まった時間に食べるとか、朝起きて夜寝るとか、毎日入浴をするといった基本的な生活習慣も含まれます。そのような環境の中で育ってきた青年たちに、安心・安全な生活環境を保障し、職員と一緒に生活しながら、衣・食・住のほか、「ごめん」「ありがとう」「ただいま」「おかえり」といった言葉かけも大切にしています。また一人ひとりの話に耳を傾け、聴くことによって、彼らが自身の存在を受け止められることを実感できるようにしています。

② 主体性の保障

　自立援助ホームを利用する青年たちは、すべてのことにおいて自分で選び、自分で決めるという経験が少なく、常に他者の顔色を窺いながら生活を送ってきた場合がほとんどです。また失敗経験から学ぶという基本的な権利も保障されなかったことで、何事にも挑戦することを放棄してしまいがちになる青年も多くいます。自立援助ホームが、措置ではなく、本人申込による利用契約という方法をとっているのは、本人の意思で入居するということが自己選択・自己決定の第一歩だと考えているためです。職員は彼らのやることに対して、指導や管理といったことはせず、本人から求められた時に初めて助言したり、サポートしたりします。自分で考えて行動し、その結果を受け入れるという経験を積み重ねることで、社会に出て生活をするという準備を行います。

③ 退居者支援

　青年たちがホームで生活するのは平均１～２年間程度です。当然、自

立援助ホームいる期間より、社会に出て生活する時間の方が長くなります。退居するタイミングは人それぞれではありますが、絶対に自立援助ホームの方から関係を断ち切ることはありません。どのような時でも振り返れば自分が生活した自立援助ホームがある。そんな「心の安全基地」として、嬉しい時もしんどい時も常に見守っています。　　[恒松　大輔]

Q.60 自立援助ホームはどのような機関と連携するのでしょうか？

　私たちも病気になれば、病院にいき、受験が心配であれば塾に通うといったように、家庭の中では解決できない課題や問題は外部の機関などに頼ることがあります。それは自立援助ホームも同じです。自立援助ホームに入居する青年の多くは、当然のように様々な課題を持っており、また求めているものもそれぞれ違います。それを自立援助ホームの職員だけで対応をすることは絶対に不可能です。入居中に関わってくれる人・機関がそのまま退居後も関わってくれるとは限りません。そこで、一人ひとりにあわせたネットワークを構築していかなければなりません。

　しかし、入居する青年の多くは、その保護者も含めて、そのような機関を利用してこなかったり、拒否されたりしてきた経験が多いため、新しい人とつながることに消極的な人が多い傾向にあります。そのため入居中から職員が同行して、様々な手続き等を行えるように支援を行います。

　自立援助ホームの関係機関として、やはり児童相談所は欠かせません。自立援助ホーム利用の手続きもそうですが、家族関係の窓口となったり、定期的な心理面談なども行ったりします。そして、職場や学校も欠かせない連携先です。施設にいることを知られたくない場合を除き、アルバイトでも仕事が始まると職員が職場に挨拶に行く施設が多くあります。このように職場や学校とつながっておくことによって、何かトラブルがあってもすぐに連携して対応することが可能となります。障害者手帳を所持している場合は、障害年金の受給などもあるため、福祉事務所や障害者就労支援センターと連携し、何かトラブルを抱えたりする場合は弁護士、心のケアでは精神科医や公認心理師、臨床心理士などとも連携します。また自立援助ホームを退所後、遠くの場所で生活を始める場合は、近隣の自立援助ホームにつなぐこともあります。このようにネットワークを構築し、機関や専門職とつながっていれば自立援助ホーム側も情報を得ることができ、ともに継続した支援が可能となります。[恒松　大輔]

第 4 章

これからの
社会的養護(養育)のあり方

Q61 家庭養護とはどのようなものですか？

　社会的養護が必要な子どもを、養育者の住居で生活をともにし、家庭
で家族と同様な養育をすることを「家庭養護」（family-based care：
家庭を基本とする養護）と定義しています。具体的には、日本では里親
と小規模住居型児童養育事業（以下「ファミリーホーム」とする）によ
る養育のことを指します。一方、児童養護施設等での養育は「施設養護」
（residential care）と定義され、社会的養護の養育体制は「家庭養護」
と「施設養護」に大きく分けられています[1]。

　2009（平成21）年12月国連総会決議で示された「児童の代替的養護
に関する指針」では、施設養護と家庭養護が社会的養護の必要な子ども
のニーズを満たすことを前提に相互に補完しつつ、施設養護は必要な場
合に限られるべきであること、幼い子ども、特に3歳未満の子どもの代
替的養護は家庭を基本とした家庭養護で提供されるべきであると示され
ています。これを受け、2016（平成28）年児童福祉法改正で、代替的
養護が必要な子どもを「家庭における養育環境と同様の養育環境」であ
る家庭養護での養育を優先することが示され、「新しい社会的養育ビジ
ョン」では、代替的養護は家庭養護を原則とすることが明確化され、里
親等委託率向上の数値目標、年次目標が示されました。

　里親、ファミリーホームに委託される児童の数及び里親等委託率は向
上し、2021（令和3）年3月末時点で22.8%[2]となっています。今後、
さらなる家庭養護の質と量の向上が求められています。　　　　［藪　一裕］

❖引用・参考文献
1）厚生労働省第13回社会保障審議会児童部会社会的養護専門委員会資料『資料3-1「家
　　庭的養護」と「家庭養護の用語の整理について」』（2012年1月16日）
2）厚生労働省「社会的養育の推進に向けて」（2022年3月31日）

Q62 施設の小規模化とはどのようなことですか？

　乳児院や児童養護施設で、子どもたちが生活する養育単位を小さくすることを、「小規模化」といいます。日本では一般的に施設形態ごとに、「1養育単位当たり定員数が20人以上」を大舎制、「同13〜19人」を中舎制、「同12人以下」を小舎制とされています。さらに「同6人〜8人」の小規模グループケア、「同6人」で施設の敷地から離れ地域で独立した地域小規模児童養護施設も整備、増設されつつあります[1]。

　1990年代以降、児童虐待問題が顕著化し、施設に入所する子どもの多くが被虐待などの影響から、トラウマや愛着の問題など個別的なケアを必要とするように変化してきました。しかし2005（平成17）年当時、約70％の児童養護施設は大舎制であり[2]、児童が安心して一人でいられるプライベートな空間や、職員との個別の関わりの時間の確保が難しい状況でした。このような背景から厚生労働省は、2011（平成23年）に「社会的養護の課題と将来像」を示し、「家庭的養護と個別化」を行い、「あたりまえの生活」を児童に保障するために、施設を小規模化する方針を明確化しました。

　2016（平成28）年児童福祉法改正では、代替的養護が必要な子どもを里親やファミリーホームなどの家庭養護での養育を優先する、もしくは「できる限り良好な家庭的環境」で養育されるべきであるという方針を明確にしています。ここでの「できる限り良好な家庭的環境」とは、小規模グループケアや、地域小規模児童養護施設を指しています。

　代替的養護を受ける子どもの健やかな発達には、安定した職員との人間関係を形成し、さまざまな生活体験を積み重ね、自己決定の機会を得ながら自立に向けて成長を促進するには、施設の小規模化が不可欠との考え方から、今後更なる推進が求められています。　　　　　　　[藪　一裕]

❖引用・参考文献
1）厚生労働省「社会的養育の推進に向けて」（2022年3月31日）
2）厚生労働省「社会的養護の課題と将来像」（2011年7月11日）

Q63 社会的養育における治療的支援とは、何ですか？

　社会的養育における支援には、子どもたちの生活支援を始めとして、医療支援や教育支援、自立支援などの様々な支援があります。治療的な支援とは、これらの支援を通じて虐待やトラウマなどの影響によって歪められてしまっている信念や認知、行動について変化や成長を促していくことにあります。このような支援は、治療的養育とも呼ばれ、楢原は、治療的養育を次のように定義しています。

　子どもたちが示す言動は、成育の過程で負ってきた被虐待体験や剥奪体験の影響であり、その永続的な変化には他者との親密な関係性が不可欠であるとの認識に基づき、①居住型の環境で生活を共にして、十分に配慮された日常のかかわりを大切にし、②子どもたちと養育者（集団）の相互作用を治療的に活用し、③それぞれの子どもに応じた多様なかかわりを統合的に行うこと[1]

　近年は、トラウマインフォームドケアというトラウマを抱えている人の支援方法にも注目が集まっています。野坂は、トラウマの特徴を理解し、行動の背景にトラウマが影響していることを可視化し、その対応方法としてトラウマ体験を抱える人に心理教育的なアプローチを行うことの大切さについて指摘しています。[2] トラウマを抱えた人は、不安や恐怖に囚われ、甘えたい気持ちもあるけれど、傷ついてきた経験から他者とうまく付き合えないことや、自分でも「変わりたい」「良くなりたい」と思う気持ちはありながらも自信が持てず、変わることを諦めてしまうことがあります。トラウマを抱える人に見られる自己否定や低い自尊心ゆえの行動を理解した上で、トラウマを抱えた人との関係性を構築し、エンパワメントする支援者の姿勢が治療的支援には必要です。［木村　秀］

❖引用・参考文献
1）楢原真也「治療的養育の歴史的展開と実践モデルの検討—社会的養護における養育のいとなみ—」『子どもの虐待とネグレクト』13（2011年）125-136頁
2）野坂祐子『トラウマインフォームドケア』（日本評論社、2019年）

Q64 自立支援とはどのような支援でしょうか？

　児童福祉法では基本的に施設や里親宅で生活できる年齢は18歳までと定められていますが、18歳になれば絶対に施設や里親宅を出なければいけないわけではありません。18歳を過ぎても20歳まで措置を延長することは可能ですし、20歳到達後も自立のための支援が必要な人には、社会的養護自立支援事業によって22歳の年度末まで施設や里親宅で生活を継続することも可能です。そこで高校卒業後の学校生活や社会人生活を支えてもらい、その先の自立に向けて準備できる仕組みがあります。さらに2024（令和6）年よりこの22歳の年度末までという制限が撤廃され、しっかりと自立に向けて必要な時間をかけて取り組むことが可能になります。その他にも、就労や進学した若者を支える専門の施設である自立援助ホームも利用できます。もちろん、高校卒業後に施設や里親を離れて自立する子どもたちもいます。近年では施設から大学等に進学するための奨学金などが充実しており、高卒後に進学する子どもも増えてきましたが、進学後の生活を継続するためにはサポートが必要です。そのため出身施設等が中心となり、各自治体やNPOなどが提供している支援を活用しながらアフターケアを行います。

　こうした支援は18歳に近づいてから急に始めることではなく、先を見据えて時間をかけて準備することが重要です。生活に必要な技術を身につけたり、社会常識やお金の使い方を学んだりといった準備です。そして実際に社会に出てから、気付いたり、直面したりする困り事や悩み事などを予想し、どのように対処するのかを相談に乗りながら一緒に考えます。こうした支援をリービングケアといいます。また、リービングケアの中には家族関係の整理をすることも含まれます。家族から離れたまま大人になっていく子どもたちはどのような思いでいるのかなど、自立支援にはそのような視点も重要となります。

[髙橋　直之]

施設退所後を考える～経験者の視点から～

　私が児童養護施設を退所した時には、まだアフターケアといった視点があまりなく、施設側からは、"社会は厳しい、頑張って自立するように"というメッセージが強かったように思います。私が施設で生活している高校生の頃、Children's Views & Voices（以下「CVV」）という里親家庭や施設を経験した人たち（以下「社会的養護経験者」）のための居場所活動に関わることになりました。自分以外の社会的養護経験者と関わることができ、自分の将来や施設での生活についての悩みを、経験者同士で語り合うことができました。社会的養護経験者の先輩が身近にいることで、心強い味方がいるように感じていました。

　しかし、施設を出て一人暮らしをはじめると、孤独を感じることも増え、自立して生きるということについて悩んだこともありました。CVVで出会った支援者や色々な社会的養護経験者との出会いがなければ、孤独を乗り越えられなかったかもしれません。

　2022（令和4）年の児童福祉法の改正で、18歳（社会的養護自立支援事業を利用した場合、最長22歳まで）までしか利用することができなかった自立支援のサービスについて、年齢の制限を弾力化しその制限が撤廃されることが決定しました。つまり、施設や里親家庭からの自立を年齢で決めるのではなく、子どもの意見を聴き、一人ひとりのニーズにあった支援を提供していこうという方向に変わります。

　現在、一時保護や措置される時など重要な人生の転換期に子どもの意見が聴かれていない実態が少なくないと思います。そういった状況から、自分のこれからの人生に不安を抱えながら、施設や里親家庭で生活している子どももいると想像します。私も施設で生活している時に、将来について、大人ともっとゆっくり話す時間が欲しいと感じていました。

　自身の経験からも、子どもと大人の対話の時間を持つことが大切だと感じています。今、社会的養護の下で生活している子どもたちと大人との間にもっと対話が増え、子どもたちが将来を楽しみに感じられるような社会になることを願っています。

［中村　みどり］

Q65

施設での就労支援はどのように行うのですか？

　児童の就労については「働くこと」へのビジョンと社会参加の経験が大きく影響します。そのため各施設では「キャリア教育」を様々な形で実践・提供しており、地域の商店街や協力企業による施設訪問型のプログラムや、職場訪問、仕事体験などを通して、様々な職種や実際に働いている人との出会いを通してたくさんの事を学ぶことができます。また、アルバイトを経験することで契約やシフト調整、マナーを学ぶ機会となります。実際に給与という形で報酬を手にする経験は大きいと考えます。

　実際の就労へのかかわりは、高校在学中に児童が就職の選択をしたときに始めるのが一般的です。高校を窓口とした求人を中心に進めていくのですが、社会的養護出身者であることがいまだにハンディキャップとなることが社会的課題でもあります。その際、施設が持っている就労先のネットワークや就労支援団体の協力を得てスムーズなマッチングを進める場合もありますが、学校との連携は欠かせません。

　高校を中退してしまうケースへのかかわりにおいては、ハローワークの若者への就労支援サービスを活用することも多いです。さらに、高等教育在学中の就活においては、その活動費や生活費補助が対象の奨学助成もあるので、そのような情報を提供することも大切な業務と言えます。

　就労できた場合は最初の1か月、3か月、そして1年継続できるかがカギとなるため、その後のアフターフォローを行うため就労先との連携が必要です。

　一方で働くことへの不安や失敗体験からなかなか転職や再就職が難しいケースもあります。そのため各地域でNPO等が運営している若者向けサポートステーション等を利用し、伴走型の支援を受けながら就労についてチャレンジしていけるようつないでいく支援も必要です。

　このように本人の能力や意向を反映した就労先の決定と継続支援、そして転職などへの関わりに対して有効な支援先への橋渡しを行うことが支援内容となります。

[山田　俊一]

Q66 ライフストーリーワークとはどのような支援でしょうか？

　ライフストーリーワークとは、もともとは家庭を離れて暮らす子どもへの支援としてソーシャルワークの伝統的な実践の中から生まれた支援です。日本でも広く用いられていますが、法的な位置付けが明確なイギリスと違い、決まった形式があるわけではなく、実践現場で様々な手法が試みられています。具体的には子どもの生い立ちや家族との関係を整理して前向きに生きていけるように支援することが目的で、子どもの生い立ちを振り返り、その歴史をまとめたライフストーリーブックを作成する手法がとられることが多いようです。

　2016（平成28）年に出された「新たな社会的養育ビジョン」では、児童養護施設ではソーシャルワーク体制を整え、子どもたちが抱える生活課題や発達の積み残しを明確にし、解決していくことが求められています。しかし、家庭からの分離を余儀なくされた子どもの中には、課題（措置理由）の解決が難しいケースも少なくなく、必ずしも家族のもとに帰ることがゴールではない場合があります。子どもが、自分の人生を生きていくためには、自分の気持ちや意見を表明できることが大切になります。

　子どもの意向を確認するためには、当事者である子どもが自分の生い立ちについて理解しておく必要があります。なかには、なぜ施設で暮らさなければならないのかを理解していない子どももいます。様々な背景を持つ子どもたちの「出自を知る権利」をどのように保障していくかを考えていかなくてはなりません。ライフストーリーワークは家族の課題に子どもが当事者として主体的に取り組んでいくことを整理していくための入り口ともなり得ます。重要なのは、ライフストーリーブックの作成などの形式ではなく、当事者が「自分の言葉で語れるようになる」ことです。ただの作業になってしまうと「子どもの世界を理解する」ことが疎かになってしまうため、子どもの状態に合わせてライフストーリーワークを進めていくことが大切です。

[髙山　由美子]

Q67

退所後の支援について教えてください。

　社会的養護では、児童個々の退所のタイミングを確認しながら措置の終了時期を見定め、施設職員や里親は、インケア（施設内での支援）、リービングケア（退所に向けた支援）からアフターケア（退所後の支援）に移行していきます。それは施設だけでなく、里親家庭で生活している児童に対しても同様です。社会的養護の中で一定期間でも生活経験のある児童や成人のことを、ケアリーバー（社会的養護経験者）と言います。

　自立支援担当職員の配置要件には、退所後（家庭引き取り5年、自立10年）に報告することが求められています。そしてその効果として自立の担当者を配置している施設はそうではない施設と比較すると多くの退所者とつながっている割合が高いようです[1]。しかし実際には施設から退所したすべての方がアフターケアの対象であり、その人数は施設により違いはあるものの、年々増えていくのです。実際の対応方法としては電話やメール等による相談、来所、訪問対応など、内容によって異なります。近況報告、ライフイベント（転職、結婚、出産、離婚）の相談が中心ではありますが、生活困窮に係る緊急的な相談やトラブルによる法律に係る相談も少なくありません。年齢も10代から30代までが多いのですが、40代や60代以上の方からも相談が来ることもあります。

　施設や里親には「実家的機能」があり、家族との関係が持ちづらい退所者にとっては拠り所となります。そして子ども時代の自分を知ってくれている唯一の場所として安堵と許容を感じる方も多いのです。そのような場所や関係先は多い方が実際には社会に溶け込みやすいはずです。子どもたちにとって施設で生活している段階から、施設・里親宅以外の居場所や相談できる人間関係をできるだけ多く作れるかどうかが大切になります。

[山田　俊一]

❖引用・参考文献

1）児童養護施設等の退所者実態調査・ケアリーバー実態調査

退所後もつながりを感じる支援を目指して

　エピソード①：施設との間で音信が途絶えた大学生の貴弘君。自立支援担当職員と共に彼が暮らすアパートを訪ねます。ドアをノックしても電話をかけても応答ありません。施設から持参した差し入れ（食料や日用品）を置いて帰りました。その日の夜に「今日、うちに来た？」と貴弘君から電話があり近況を聞きました。そして、改めて彼を訪ね今後の生活について話し合いました。

　エピソード②：退所後は独り暮らしをしていた宏美さん。「引越を手伝って欲しい」と施設に連絡がありました。施設がトラックを用意して職員2人で彼女のアパートへ向かいました。現地には宏美さんの友人たちも手伝いに来ていて、色々な話をしながら一緒に作業を進めました。

　エピソード③：退所後は地方の大学へ進学し、卒業後はその土地で就職した京子さん。「今度、施設に行くとき紹介したい人を連れて行きます」とのこと。後にその方と京子さんは結婚しました。二人を知る職員らでお祝いしました。

　これらのエピソードは施設と卒園生とのかかわりの一例です。このほかにも、家賃や公共料金の滞納について、家主や業者から身元保証人として登録している施設（長）へ連絡が入ることもあります。コロナ禍の影響により収入が激減し、早急にお金が必要となったこともあります。こうした場合には、後援会に寄せられた寄付金を活用して支援しています。さらに、出産を控えた卒園生の相談には助産師（非常勤職員）が応じます。卒園生のなかには、保健師や支援機関とつながることを躊躇している場合もあり、助産師が卒園生に直接会って話を聴き、支援機関とつなぐ橋渡しをしています。

　最後に、施設を退所した後も継続したかかわりをもつためには、彼らが施設で暮らしている間の支援（インケア）の積み重ねが重要になることは言うまでもありません。

［高田　祐介］

Q68 保育士・児童指導員の役割について教えてください。

　保育士及び児童指導員は社会的養護を担う施設において、子どもたちの生活について直接的な支援を行う役割を持っています。

　保育士は、児童福祉施設全般において子どものケアを行う専門職として位置付けられている国家資格です。そのため養成課程において、保育や福祉、心理、栄養など子どもに関する様々な専門知識や技術を身につける必要があります。一方、児童指導員も社会的養護を担う施設において保育士と同様の役割を担いますが、その養成においては、社会福祉士や精神保健福祉士資格を取得している者や大学において社会福祉等を学んだ者、教員免許を取得し都道府県知事が認めた者など、多様な方が資格を得ることができます。なお、児童指導員は任用資格として位置付けられており、保育士のように資格があれば名乗れる資格（名称独占）のではなく、その職務に就くことにより名乗れる資格（任用資格）です。

　子どもの発達・発育において、継続的にケアを提供する特定の大人の存在は必要不可欠です。保育士、児童指導員は、その役割を担います。直接的なケアは子どもの身体的な健康を守るだけでなく、アタッチメント（愛着）の形成などの情緒的な発達にも影響を与えるため、頻繁に養育者が変更されることは適切ではありません。また、社会的規範や生活習慣を教えるなどの役割もあります。さらに、社会的養護を担う施設に入所する子どもの多くが虐待など不適切な養育を体験していることから、子どもたちの個別のニーズに対応して適切に養育する専門性が求められます。

[和田上　貴昭]

Q69 家庭支援専門相談員とは、どのような職種ですか？

　家庭支援専門相談員は、ファミリーソーシャルワーカーとも呼ばれる職種です。2002（平成14）年度より全ての乳児院に配置され、2004（平成16）年度より児童養護施設、児童心理治療施設、児童自立支援施設に配置が義務づけられています。現在では1施設に複数の家庭支援専門相談員を配置することが可能です。

　主な役割は、施設で生活する子どもたちがまた家族のもとで生活できるようにするための早期家庭復帰支援です。そのために、施設において家族の支援や家庭復帰支援の中心的役割を担い、施設で暮らす子どもと家族とのつなぎ役となります。具体的には家族の抱える課題やニーズをさまざまな観点から明らかにし、どのようにすれば、それらが解決できるのか関係機関と一緒に検討したり、支援を行ったりします。また、保護者からの子育てに関する相談や悩みを聞き、励ましながら家族の再生や再出発を支えていきます。当然ながら児童相談所などの関係機関や他の施設などとの連携や協働においても大きな役割を果たします。

　他にも施設を巣立った子どもたちのアフターケアや里親委託の促進、養子縁組の促進なども役割に含まれていますが、これらについては自立支援担当職員や里親支援専門相談員といった別の専門職がそれぞれ配置されるようになりましたので、必ずしも家庭支援専門相談員の業務ではなくなっているかもしれません。ただそうした多職種をまとめ、施設内において連携をリード・コーディネートしていくことも役割の一つになります。

　これらの役割を果たすには専門的な知識と経験が必要なため、家庭支援専門相談員になるためには、社会福祉士・精神保健福祉士といった資格を所持していること、または施設職員や里親として子どもの養育に5年以上携わった経験があることなどの要件があり、ソーシャルワークの専門性が必要となります。

[髙橋　直之]

Q70 児童福祉施設の心理療法担当職員の役割について教えてください。

　心理療法担当職員は、虐待等による心的外傷等のために心理療法を必要とする児童や、夫等からの暴力等による心的外傷等のため心理療法を必要とする母子に対して、心理療法を実施することが主な役割です。

　また、心理療法担当職員の役割は、心理療法だけでなく心理アセスメント、施設職員への心理コンサルテーション、関係機関との連携なども重要な仕事です。各役割は、以下のとおりです。

① 心理療法

　虐待等によるトラウマへのケアとして、プレイセラピーを始めとした心理療法や、トラウマフォーカスCBT（認知行動療法）、EMDR（眼球運動による脱感作と再処理法）など、子どもの状態に合わせた心理療法が行われます。また、心理療法は個別に行われるだけでなく、集団心理療法として行われるものもあり、虐待の影響や発達障害による対人関係の課題に対してソーシャルスキルトレーニングなども実施しています。

② 心理アセスメント

　施設入所前には、心理療法の必要性の有無や、養育歴から考えられる課題などを検討し、入所した子どもが施設の環境や学校で適応できるように支援の方針を考えます。入所後は、生活場面面接を通して普段の生活の中での様子を観察したり、自立支援計画を立てる際にも心理職の視点から課題や支援方法について意見提供します。

③ 施設職員への心理コンサルテーション

　心理療法担当職員は、子どもや施設を利用している母子だけでなく、子ども達の試し行動などストレスフルな職場環境で働く施設職員のメンタルヘルスのケアも重要な仕事になります。コンサルテーションという異なる専門職同士の相談などを心理支援の技術を活用して行います。

④ 関係機関との連携

　施設職員との連携だけでなく、入所児童の通う学校との連携や児童相談所、入所児童の家族支援なども、心理療法担当職員の仕事になります。

［木村　秀］

心理職の視点から

　社会的養育を必要とする子どもの多くは、不適切な養育により心に何らかの傷を負っています。児童養護施設では日常の丁寧な営みの中で安心感を育み、ゆるやかに傷の回復を図っていきます。そこでの心理職の役割は、子どもが日常では表出できない傷を、プレイルームや面接室という守られた非日常空間の中で表現し、自己では抱えきれない不安や恐怖といった負の感情を心理職とともに再体験することによって、自己の中に収めることが出来る程にしぼませる手伝いをすることです。また、その子どもなりの表現で赤ちゃんからの育ち直しをし、愛着の修復を図ることができるのも、生活とは離れた空間だからこそです。時に子どもが生活場面で、不適応行動として負の感情を表出した時は、心理職として担当職員の子どもへの理解が進むよう助言をすることも重要な役割です。

　今日、児童養護施設の多機能化が求められています。筆者の施設では地域支援部があり、附設する児童家庭支援センターや市と連携して、近隣の要保護・要支援児童とその家族の支援にあたるほか、住民からの子育てに関する相談を受け、２名の心理職で子どもとその家族の心理支援に取り組んでいます。不適切な養育の中で愛着に課題を抱えた子どもが大人になって抱える困難は、再び保護を必要とする子どもを生み出していくことを、地域の支援にあたる中でも目の当たりにし、虐待予防のための家族支援の重要さを改めて感じています。子どもの発達に関する相談も多く、地域の発達相談会への要請も増えてきています。助言に加え、母親の困り感に寄り添っていくことも心理職の役割の一つです。

　現在、児童養護施設に配置される心理職は１名が基本ですが、地域からは２名でも応えきれないほどのニーズがあるのが現状です。今後多機能化が進む中で、複数の心理職が配置されることを切に望みます。　　　　［渡瀬　里香］

Q71 里親支援専門相談員の趣旨や役割について教えてください。

児童養護施設と乳児院に配置される里親支援専門相談員の趣旨は、児童相談所の機能を補完する役割を持つことだけではなく、施設に地域支援の拠点機能を持たせ、施設と里親との新たなパートナーシップを構築するためのものです。里親支援専門相談員に充てられる人材は、社会福祉士、精神保健福祉士、児童福祉司となる資格のある者又は施設（里親含む）において児童の養育に5年以上従事したものであり、里親制度への理解及びソーシャルワークの視点を有するものでなければならないとされています。

里親支援専門相談員の役割は、（ア）所属施設の入所児童の里親委託の推進、（イ）退所児童等のアフターケアとしての里親支援、（ウ）所属施設からの退所児童以外を含めた地域支援としての里親支援としての3つの役割を担っています。児童福祉法上、施設はアフターケアの機能を持つとともに、地域住民の相談に応じる機能を持つからです。

里親支援専門相談員は、子どもと里親の側に立って里親委託の推進と里親支援を行う専任の職員とし、施設の直接処遇の勤務ローテーションに入らないものとしています。児童相談所の里親担当職員や里親等委託調整員と分担連携して、定期的な家庭訪問を行うほか、施設機能を活かした支援を含め、里親支援を行います。また、児童相談所の会議に出席して情報と課題を共有します。

里親支援専門相談員を配置する施設は、都道府県市が里親支援機関に指定して里親支援の業務を行うことや児童家庭支援センターを附置する施設では、センターに配置された相談、支援担当職員と連動して支援を実施することが望ましいとされています。

主な業務は次のとおりです。

① 里親の新規開拓
② 里親候補者の週末里親等の調整
③ 里親への研修
④ 里親委託の推進

⑤　里親家庭への訪問及び電話相談

⑥　レスパイト・ケアの調整

⑦　里親サロンの運営

⑧　里親会活動への参加奨励及び活動支援

⑨　アフターケアとしての相談

　2016（平成28）年の児童福祉法改正以降、家庭養育優先原則を受け、質の高い里親養育の実現が求められています。そのため従来児童相談所が行っていた里親支援業務（児童福祉法第11条第１項第２号）を民間フォスタリング機関が担う自治体が増えてきました。さらに2022（令和４）年の児童福祉法改正では、「里親支援センター」を創設して、第２種社会福祉事業の児童福祉施設としての運営を予定しています。施設における里親支援専門相談員は入所児童やその家族の意思を尊重しながら、里親委託推進を図っていく中で、児童相談所及び民間関係機関との連携が新たな課題となっています。　　　　　　　　　　　　［片根　志雄］

❖引用・参考文献
・厚生労働省「社会的養育の推進に向けて」（2022年）
・厚生労働省「里親委託ガイドライン」（2018年）
・厚生労働省「家庭支援専門相談員、里親支援専門相談員、心理療法担当職員、個別 対応職員、職業指導員及び医療的ケアを担当する職員の配置について」（2012年）

Q72 乳児院や児童養護施設における看護師の役割は何ですか。

　児童福祉施設の設備及び運営に関する基準で、乳児院においては必置の専門職となっています。児童養護施設においても乳児が入所している場合には配置することとなっています。

　看護師の主な役割は入所している子どもたちや職員の健康を守ることです。社会的養護を担う入所施設には、病院のような医療設備がなく、医師が常駐していないことが多いため、子どもの疾患等の医療的な対応が必要な事柄に対しては看護師が主となり対応します。緊急時物品や応急処置物品等の点検と整備、職員間の連携方法の周知と把握、蘇生法やアレルギー対応の訓練などに、日頃から取り組みます。

　また、施設は免疫機能が発達途中の子どもが集団生活するため、感染症等に罹らないように配慮することが大事です。手洗いうがい、生活習慣、体力、栄養、環境に留意し、予防接種歴や既往歴の把握、保健活動や指導など、様々な方法で予防します。直接関わる職員が感染源にならないように体調管理に努めることも大事です。

　子どもは自分の不調を的確に表現できない時があります。例えば、不整脈が出ている時でも「お腹が痛い」と表現したり、いつもはない「よだれ」が出る時は咽頭炎の場合もあります。平熱が36.0度であったり37.2度の子どももいます。入所時には、日常では観察ができない場所の傷や後遺症の出現にも要注意です。そして子どもは、知らない大人には傷を見せてくれず体温測定も嫌がります。普段から十分に関わり「この大人は大丈夫」という信頼関係を築いておくことが大事です。

　さらに「いつもと違う」を見つけることが大切であり、多職種と連携し、早期発見と早期治療につなげます。

[飯村　愛]

Q73 支援コーディネーターとは何ですか？

　現在、東京都内の児童養護施設には自立支援コーディネーターと自立担当職員、職業指導員という名称の自立支援にかかわる専門職が存在しています。

　自立支援コーディネーターとは2012（平成24）年に東京都が自立支援強化事業の中で独自に制度化し、一定条件を満たせば複数配置も可能となっています。一方、自立支援担当職員は2021（令和3）年の社会的養護自立支援事業により国が配置を認めた専門職です。職業指導員も国によって自立支援コーディネーターよりも前に配置された専門職です。

　自立支援コーディネーター及び自立担当職員の役割内容は概ね同じような基準になっており、①自立支援計画書作成への助言及び進行管理、②児童の学習・進学支援、就労支援等に関する社会資源との連携、他施設や関係機関との連携、③高校中退者など個別対応が必要な児童に対する生活支援、再進学又は就労支援、④施設退所者に関する継続的な状況把握及び援助（アフターケア）となっています。

　職業指導員は、①児童の職業選択のための相談、助言、情報の提供等、②実習、講習等による職業指導、③入所児童の就職の支援、④退所児童のアフターケアとしての就労及び自立に関する相談援助を行うとされており、施設に実習設備を備えていることが条件となっています。

　それぞれの名称や配置基準など違いもありますが、施設における自立支援の窓口となり、リービングケアからアフターケアに関する業務の調整、外部機関の開拓や連絡調整及び情報収集などを手掛けていくことは共通した役割となっています。

[山田　俊一]

Column 10

施設とのつながりを持てない卒園生

　施設を退所した多くの子どもたちは、退所後も施設を訪れたり、担当だった職員に連絡したりします。

　しかし中には、一切関係を断ち連絡すら取れない・取ろうとしない子も少なくはありません。また、卒園した当初は施設や職員とつながっていたが、「仕事を辞めた……」「友だちと金銭トラブルになって……」等の理由で急に連絡が取れなくなったりする場合もあります。

　多くの施設では、こうした「つながりを持てない卒園生」に対して、さまざまな手段でつながりを持てるようにしています。その一つがSNSによるつながりです。施設にはよく、問い合わせがあります。例えば「同窓会をしたいから○○さんの連絡先を教えてほしい」「○○さんのご家族が病気で、本人と連絡を……」などです。このような問い合わせに対して、最近では、SNSの急速な発達によって、普段、連絡が取れない卒園生と以前に比べ容易に連絡を取ることができるようになりました。

　施設を退所した子どもたちが社会で孤立しないように、また困ったときにいつでも相談しやすい関係が構築できるように、自立支援専門相談員を配置して専門的に対応している施設も最近増えてきました。この流れは、施設側がアフターケアの重要性を感じ、施設を退所した子どもたちへの働きかけが活発になるのではないかと感じています。このように、アフターケアへの関心が高まり、「施設とつながりを持てない卒園生」に対する取り組みが広がることを願います。

[井筒　貴史]

Q74 職員の専門性の向上の取り組みは？

　職員の専門性向上の取り組みとして、新任職員にはメンター制度、チューター制度、階層別研修として、新任・中堅・リーダー・管理者等OJT、OFF－JTなどがあります（表参照）。児童養護施設の現場では、労を厭わずの献身的な精神が必要とか、住み込みでなければ成り立たないと言われてきました。その背景には職員配置基準の低さや養育における子どもとの関係性の重要性があります。現状は、虐待被害等により治療的支援が必要な子どもたちも増加したため、職員配置の増加とともに子どもの生活単位の小規模化が図られました。また、様々な専門職との連携により、組織で養育することが求められています。

　施設内には保育士、児童指導員だけでなく、個別対応職員、家庭支援専門相談員、自立支援担当職員、里親支援専門相談員、心理臨床担当職員、栄養士、調理員等の多様な専門職が稼働しています。児童養護施設は、小規模化、地域分散化、高機能化、多機能化が問われていますので、職員個々がそれぞれの専門性を高めることが求められます。

［松田　雄年］

表　職員の専門性向上の取り組み

メンター制度	直属の先輩が育成対象となる職員に対して定期的に面談を行い、疑問点や悩みなどを聞いてサポートし、新人職員の定着率を高める効果を期待できる制度。
チューター制度	直属ではない先輩が育成対象となる職員に触れ合い、交流を通じてより良い施設生活を周りから相談相手として個別サポートする制度。
OJT	通常業務と並行し職場で実務を通じておこなわれる人材育成法。即戦力として上司や先輩社員からの実践的な仕事のノウハウを教授する。
OFF－JT	職場外で実施される教育研修。ビジネスマナーや福祉の基礎知識、仕事に必要なスキルや理論等を座学で学ぶ。

Q75 苦情解決の仕組みについて教えてください。

　福祉サービスにおける苦情解決の仕組みは、サービスの利用者保護とサービスの質の向上をその目的とし、措置制度のもとでも入所児童とその家族の権利を十分に擁護するための仕組みです。

　サービスを提供する事業所とサービスの利用者である児童とその家族との間に発生した苦情や意見、意向などを、一定のルールに沿って苦情を解決することで、サービスの質の向上につながるとともに、解決にあたって苦情を密室化せず、社会性や客観性を確保することで、権利侵害などを防止します。

　また、苦情解決責任者は意見や意向がどう扱われ、その後の改善等にどのように反映されたのか（又は反映されなかったのか）を、第三者委員や当該児童等にフィードバックするなど、児童とその家族の意見表明権を支える仕組みとして機能することも期待されています。

【苦情解決の体制】
　○苦情解決責任者…苦情解決の責任主体を明確にするため、施設長等を苦情解決責任者とする。
　○苦情受付担当者…サービスの利用者が苦情の申出をしやすい環境を整えるため、職員の中から苦情受付担当者を任命する。
　○第三者委員…法人は第三者委員を設置する。社会福祉士、民生委員・児童委員、大学教授、弁護士などを第三者委員として任命する。

【苦情解決の手順】

仕組みを利用者へ周知　➡　苦情受付　➡　苦情受付の報告・確認　➡　解決結果の公表

[麻生　信也]

❖引用・参考文献
・「社会福祉事業の経営者による福祉サービスに関する苦情解決の指針」（平成12年6月7日）（障第452号・社援第1352号・老発第514号・児発第575号）（各都道府県知事、各指定都市市長、各中核市市長あて厚生省大臣官房障害保健福祉部長・社会・援護・老人保健福祉・児童家庭局長連名通知）

Q76

福祉サービス第三者評価とは何ですか？

　福祉サービス第三者評価とは、社会福祉施設・事業所でのよりよい福祉サービスの実現に向けて、公正・中立な第三者評価機関が専門的・客観的立場から福祉サービスについて評価を行う仕組みです。評価は、主に自己評価と第三者評価により構成されています。自己評価は、組織内部の人があらかじめ定められた基準に従って評価を行います。第三者評価は、第三者評価機関の評価調査者が、施設運営の質を評価します。

　「子どもが施設を選ぶ仕組みでない措置制度等であり、また、施設長による親権代行等の規定もあるほか、被虐待等が増加し施設運営の質の向上が必要である」[1]、という観点から社会的養護関係施設は毎年自己評価を行うとともに、3年に1回以上第三者評価を受審・公表することが義務づけられています。更に利用者の意向を把握するため、第三者評価と併せて利用者調査を必ず実施することとなっています。また、概ね3年毎に定期的に共通評価基準の見直しが行われます。

　施設には、評価の取組みを効果的なものとしていくために、自発的、自主的に、自己評価を行い、第三評価を受審していくという意識を持つことが重要です。これらにより施設自身が「気づきの機会」を得て、社会的養護関係施設の子どもたちの最善の利益となるための改善活動となっていくことが期待されています。

［遠田　滋］

❖引用・参考文献

1）「社会的養護関係施設における第三者評価及び自己評価の実施について」厚生労働省局長通知（子発0323第3号、社援発0323第30号）令和4年3月23日

Q77 「被措置児童等虐待」はなぜ起こるのですか？

　被措置児童等虐待は、家庭における虐待と同様に心理的虐待、身体的虐待、性的虐待とネグレクトに分類されます。かつては躾の範疇で容認されていたものも、虐待と認定される場合が増えているとも考えられます。これらが発生する要因として、主に以下のことが考えられます。

(1)　被虐待体験等による子どもの発達の課題

　家庭等で不適切な養育環境にあった子どもたちの中には、反応性アタッチメント障害の症状を呈するなど、いわゆる「育てにくさ」を有している子どもがいます。過度に近づいたり、反発したり、パニックになったり、衝動的になったりすることがあるため、養育者が十分な理解と対応技術を得ていなければ、適切な対応をすることは困難です。結果として、体罰をはじめとする不適切なかかわりに結び付いてしまうことも起こり得ます。

(2)　養育環境の密室化

　児童養護施設等では小規模かつ地域分散化、つまりグループホーム化が進み、里親委託も推進されています。家庭で不適切な養育を受けた子どもを、家庭的、あるいは家庭環境で養育するということは、子どもによる被虐待の再現行動（挑発や試し行動等）を誘発するリスクも高めます。また、養育者が孤立している状態は、不適切なかかわり、疲弊による離脱や離職を生じやすいと考えられます。

(3)　施設等による対応の不備

　被措置児童等虐待案件が重篤化する前に、多くの場合は予兆があります。「ヒヤリハット（もう少しで事故・事件になりそうだった）事案」がいかにキャッチされ、初期のうちに対応されるかが重要です。これを軽く見積もったり隠蔽されることがあれば、重篤化を防ぐのは難しくなります。事故は誰の周りでも起こり得るものという認識を関係者すべてが共有する必要があります。故意や重大な過失がない限り個人が責めを負わされることがない、サポーティブな組織等運営が不可欠です。

　次に、被措置児童等虐待への主たる対応を挙げます。

（1）　子どもの発達の理解と対応スキルの共有

　全ての養育者にトラウマインフォームドアプローチをはじめ、不適切な養育環境にあった子どもの発達への理解と、支援技術の習得が不可欠です。同時に、施設の運営者には労働法により「安全配慮義務」が課せられており、職員等が過度な負担から守られるよう手立てを講じる必要があります。職員に対するペアレントトレーニング、子どもに対するCAPやセカンドステップ等のプログラム提供も欠かせません。

（2）　風通しの良い環境設定

　近年、施設における職員配置には制度的改善が進んでいます。しかし、これを有効に活用し、一人勤務の解消を進められている施設はまだ多くありません。人材の確保は喫緊の課題です。専任職員の増配置が難しい場合であっても、地域でシニア世代の雇用を進める等、一人勤務の解消・緩和を進めることが重要です。そして、「不適切」と感じられるかかわりは率直に指摘・報告し合える職場風土づくりも欠かせません。

（3）　対応技術の組織的向上

　被措置児童虐待への基本的スタンスとして重要なのは、「何を禁じるか」ではなく、「より良いかかわり方を探る」ことです。家庭における体罰も同じですが、禁じる前に適切なかかわり方が体得されなければ、親になること、養育者としての職に就くことが回避されるばかりです。被措置児童等を含む虐待は個人の問題ではなく、組織の問題、社会や国の問題として認識されなければ、発展的な改善は見込めません。

　虐待等によって傷を受けた子ども等の回復を支える社会的養護の現場において、被措置児童等虐待は容認できません。しかし、これは支援現場に必ずついて回る課題でもあります。

　その構造を解明し、解消のための仕組を不断に構築することが必要です。

［早川　悟司］

Q78

保護者への支援はなぜ必要なのでしょうか？

　社会的養護を利用する子どもの多くには、両親もしくはどちらかの親がおり、反対に両親ともにいない子どもは少数となっています。実際に、厚生労働省の報告（2020）[1]によると、児童養護施設に入所する子どもの93.3％、乳児院に入所する子どもの97.9％に親もしくは保護者がいると報告されています。また家族との何らかの交流がある子どもも児童養護施設では、71.6％、乳児院で72.8％となっています。このように社会的養護を利用する子どもたちの多くには、親や保護者がおり、たとえ離れて生活していても家族とつながっていることがわかります。

　また2019（令和元）年度中の措置解除の状況[2]を見ると、児童養護施設の場合、約半数の子どもが「家庭環境改善」が措置解除の理由となっており、乳児院の場合は、その割合が約8割となります。この状況を見ると施設から退所した後、子どもたちは再び家族のもとで生活をする可能性が高いということがわかります。

　このように社会的養護を利用する子どもたちにとって、家庭や家族は重要な存在であり、保護者を支援することは必須です。そして、再び離れてしまった家族を一つにする支援を「家族再統合」と言います。家族再統合と聞くと、家庭復帰をイメージすると思いますが、それだけではないことを意識しなければなりません。もちろん家庭復帰が可能であれば、それを目指すことは必要ですが、家庭再統合が示す支援は家庭復帰だけではないということです。子どもたちが家族と一緒に生活できなくても、子どもと親、保護者が「家族である」という意識を共有することで、子どもにとって家族が支えになる存在となるように留意して支援を行うことが家族再統合に必要な視点となります。　　　　　[谷　俊英]

❖引用・参考文献

1）厚生労働省「児童養護施設入所児童等調査の概要（平成30年2月1日現在）」2020年
2）厚生労働省「社会的養育の推進に向けて」（2022年3月31日）

親の支援について
行政機関とどのような連携をしていますか？

　虐待により保護され施設で生活する児童については、親子分離と保護が基本的な方針でしたが、度重なる改正児童福祉法により、家族機能の回復を図ることを目的として、児童相談所による保護者への指導・支援が定められています。

　平成28（2016）年の改正児童福祉法により、第48条の3項に「親子の再統合のための支援等」として「家族再統合」について示されました。それに基づき、児童相談所における施設入所児童の親指導について「児童虐待を行った保護者に対する援助ガイドライン」[1] として定義されました。それには、「面会等約束の実行、面会・通信の制限、接近禁止、虐待の理解、援助内容の説明と理解、カウンセリング、生活の改善策、子どもとの接し方、養育方法、面会通信の制限解除」等が挙げられています。しかしながら、親支援とはいっても、虐待事案に介入し親子分離から一時保護、施設措置という行政処分を行った児童相談所が、その後の親支援を担当することに難しさがありましたので、令和元年（2019）年の改正児童福祉法において、児童相談所の介入対応と保護者支援を担当する児童福祉司を分けることが明確化されました。

　施設においては、児童相談所と情報を共有し親子の支援を行います。基本的な役割分担は、親は児童相談所、子どもは施設ですが、面会時や外泊の際、施設の家庭支援専門相談員等に会いますので、親が相談しやすい場合もあります。若年の親や、経済的な困窮、アルコール依存、精神疾患等の病気、DV被害、外国人で支えがない等、親の抱える問題についても、親子支援へ関わってきますから、関係する地域の機関と連携もします。施設は、子どもの意見や希望といった権利擁護を基盤に立案している自立支援計画に基づいて、親子の再統合に向けた支援をします。　　[髙橋　誠一郎]

❖引用・参考文献

1）厚生労働省雇用均等・児童家庭局総務課長（平成20年）「児童虐待を行った保護者に対する指導・支援の充実について」平成20年3月14日雇児総発第0314001号

ペアレンティングとは？

　ペアレンティングを和訳すると「親業」とも訳せ、親の仕事という意味になります。また、『社会福祉用語辞典』によればペアレンティングの意味として、「父母両性が子育てに関わる必要性をいう親業教育のこと。どのように子育てに関わるかを父母に教える具体的な方法論を含む子育て理論」[1] と記載されています。つまりペアレンティングとは、子育ての仕方を保護者に教えるという捉え方もでき、ペアレントトレーニングや保護者支援プログラムの意味に近いものとなります。「Q78　保護者への支援が必要な理由」でも触れましたが、家族再統合を行うためには、保護者支援は必須となります。そして、子どもたちが児童養護施設や乳児院、里親などを利用する主な理由が「虐待」ということを考えるのであれば、保護者支援として、ペアレンティングを行い、適切な養育方法を保護者に知ってもらうことは有効な支援となります。

　ペアレンティングは、保護者に対して子育ての仕方を伝えたり、子育てに関する悩みを聞きながら相談に乗ったりすることで、保護者自身が子育ての方法や知識を学び、また子育ての悩みや不安を共有しながら、子育てに関するスキルを高め、その質を高めていく内容となっています。児童虐待を行ってしまった保護者、そのリスクのある保護者、子育てに不安を覚える保護者だけではなく、一般の保護者に対して幅広く実施されています。保護者支援プログラムには、コモンセンスペアレンティングやノーバディーズパーフェクト、MY TREEペアレンツプログラム、ホームスタートなど様々な種類があり、それぞれのプログラムには特徴があります。ホームページなどで各プログラムが紹介されていますので、是非、どのような特徴があるのかを調べてみてください。　　　[谷 俊英]

❖引用・参考文献
１）栗山直子「ペアレンティング」山縣文治・柏女霊峰編著『社会福祉用語辞典　第９版』（ミネルヴァ書房、2019年）、336頁

Q81

親が施設利用に反対する場合は どのような対応をとりますか？

　児童虐待を例に説明すると、児童虐待に関する通告を受けた場合、児童相談所は家庭訪問などを行いますが、保護者に拒否されて安全の確認ができない場合、児童を同伴して出頭するように求めることができます。正当な理由がないのに保護者がそれを拒否した場合、児童相談所は立入調査を行うことになりますが、それも拒否された場合、再度の出頭要求を繰り返します。それでも拒否されれば、児童の安全を確保するため、裁判所の「許可状」を得て、自宅等を臨検し、児童の捜索を行うことができます。その際、必要があれば、施錠を外し、出入りを禁止し、警察の援助を求めることができます。

　児童相談所が児童を一時保護した場合、その期間は2ヶ月とされています。ただし、必要があればその期間を延長できますが、児童の親権者又は未成年後見人が反対する場合には、2か月を経過するごとに、家庭裁判所の承認を得なければなりません。

　なお2022（令和4）年の改正児童福祉法によれば、一時保護の開始それ自体に親権者等の同意がない場合、事前又は保護開始から7日以内に裁判官の「一時保護状」を得なければならないとされました。この法律は同年6月15日に公布されましたが、一時保護状に関する規定の施行期日は「公布後3年以内で政令の定める日」とされています。

　一時保護のなかで児童相談所は親子の再統合に向けて保護者を指導することになりますが、保護者に監護させることが著しく当該児童の福祉を害する場合、児童相談所は親子を分離して、当該児童を乳児院、児童養護施設等へ入所させることになります。

　そして親権者又は未成年後見人が反対した場合、児童相談所は、児童福祉法第28条に則って、家庭裁判所の承認を得て施設入所を行うことになります。その期間は原則として2年に制限されていますが、家庭裁判所の承認を得て更新することが認められています。

[若穂井　透]

Q82

子育て短期支援事業とはどのような事業ですか?

　保護者が急に入院することになった場合など、一時的に家庭で子ども
を養育できなくなった場合、まずは子どもの祖父母やおじ、おばなどの
親族に相談するのではないかと思います。しかし年齢、健康状態や地理
的条件などの理由により、親族や近隣の知人・友人等から支援を得るこ
とが難しい場合が少なくないというのが今日の状況かと思われます。そ
うした場合、児童相談所にて一時保護利用の相談をするのも一つですが、
児童相談所までの距離、交通事情や家庭のことを詳しくたずねられるの
が煩わしいといった場合には、子育て短期支援事業を利用するのも一つ
の方法です。

　子育て短期支援事業は、短期入所生活援助（ショートステイ）事業と
夜間養護等（トワイライトステイ）事業の二つからなり、「子育て短期
支援事業実施要綱」に基づいて実施されています。対象者について、短
期入所生活援助（ショートステイ）事業は、保護者が疾病、育児疲れ、
出産、看護、冠婚葬祭、出張や学校等の公的行事への参加により一時的
に困難になった場合や、経済的な理由により緊急一時的に母子を保護す
ることが必要な場合等に、7日間（延長可）を限度として利用できます。
夜間養護等（トワイライトステイ）事業は、保護者が仕事その他の理由
により平日の夜間又は休日に不在となる家庭の子どもを対象とし、生活
指導や食事の提供等を行うものとなっています（概ね22時まで）。両事
業ともひとり親家庭に限定するものではなく、両親家庭でも利用できま
す。事業の実施施設としては、児童養護施設、母子生活支援施設、乳児
院、保育所、小規模住居型児童養育事業（ファミリーホーム）等住民に
身近で適切に保護することができる施設を中心としていますが、里親等
への委託も可能となっています。

　申し込み先は、住所地の市区町村の子ども家庭福祉関係の窓口や福祉
事務所が多いようですが、事業の実施施設が申請先となっている場合も
あります。利用の仕方としては、初回の場合には、あらかじめ申請書を
提出のうえ、利用予定施設を見学したり、必要に応じて事前面接を実施

したりしています。2回目以降については、電話で予約する形での申し込みとなっています。なお一時保護と異なり、利用料が必要となりますが、生活保護世帯や住民税非課税世帯等には減免制度を設けているところもあります。

　短期入所生活援助（ショートステイ）事業の場合、初回の利用では子どもが慣れるのに時間がかかり、慣れたころには帰宅する形になりがちであること、夜間養護等（トワイライトステイ）事業では子どもの小学校等への迎えが必要となるなど、実施施設側の負担は少なくありませんが、一度利用すると複数回の利用につながるなど、在宅支援のための重要な取り組みとして位置づけられています。　　　　　　　　［坂本　健］

Q83 児童養護施設では、地域の方たちとどのような交流をしていますか？

　児童養護施設の子どもたちは地域の学校へ通い、町内会の子ども会、スポーツやボーイスカウトなどの活動、習い事や学習塾に通っています。職員は、子どものお友達や同級生の保護者との関わりもして、PTAの役員なども担います。グループホームでの生活は、毎日の食事の材料や日用品の購入は地域の商店やスーパーマーケットにいきます。施設の子どもたちの育ちには、地域の方たちと、そのような日々の関わりが大切です。

　また、施設の地域住民を招いた行事なども行っています。子どもの日のお祝いのお祭り、バザー、地域交流会として近隣住民を招く食事会などの行事を催し、町内の団体にブースやお店を出していただいて、施設や地域の子どもたちのための行事が、地域の方々との交流の機会となっています。ホールや会議室などのお部屋や、発電機やマイクロバスなどの備品を、地域の子ども会やPTA、地域の保護者がボランティアで運営している野球チームに貸したりすることも施設によってはあります。行事や施設の貸し出し等により、地域への貢献を図るのは、地域の方々に施設が地域にあることを肯定的に捉えてもらい、児童養護施設についての理解を深めていただくことに他なりません。地域の方々に、児童養護施設がどういうところか、どういう子どもたちが生活して、どういう職員がいるのか、理解をしてもらい良い関係を保つことが、子どもたちの安心した日々の生活につながります。

　施設で生活する子どもたちは、自分を委ねられる職員の存在をベースにして、生活が広がり自分の周りの人や社会に対して関心を持つようになります[1]。児童養護施設には、子どもたちのために外の社会の積極的な交流の機会が望まれるのです。

[髙橋　誠一郎]

❖引用・参考文献

1）全国児童養護施設協議会「この子を受けとめて、育むために～育てる・育ちあういとなみ～」児童養護における養育のあり方に関する特別委員会報告書（2008年）

児童養護施設に勤めて半年

　今年の4月から児童養護施設で働きはじめ、あっという間に半年がたってしまったように感じます。あっという間に感じた半年の中で驚いたことや充実感を得たことを紹介します。

　まず驚いたことは、職員全員が非常に高い専門性を持って働いているということです。私は入職前にインターン生として働いていたので日々の業務については目にしていました。しかし、自分が職員という立場に立って改めて生活の場に入ることで、職員の声掛けに込められた意図に気づいたり、職員が何を大切に子どもと関わっているかを考えたりするようになりました。4月にその専門性の高さに圧倒され、自身が同じケアワーカーとして子どもに関わることができるかとても不安でした。しかし、新任に対する丁寧なOJTがあること、定期的なホーム会の中で意見交換をしたり、自身の支援の方法について助言を貰ったりすることができる環境が整っているため、当初の過度な不安はなくなり、自身の支援について自信をもって子どもに関わることができるようになりました。

　驚いたことのもう一つに地域を含む支援者の方との結びつきが非常に強固だということがあげられます。支援してくださる方々は子どもが日々の生活を充実させることに限らず、季節の果物を味わう楽しさや、非日常を体験する機会を与えてくださいます。直接的な支援に限らず、沢山の方が児童養護施設で生活する子どもに理解を示してくださり、当たり前を当たり前として送れるよう支援してくださっている方が沢山いて子どもの生活が成り立っているということに入職するまで気づくことができませんでした。

　入職して驚くことは他にも沢山ありますが、職員全員が子どもの最善の利益の追求という点で同じ方向を向いて支援を行っていることを日々実感し、そこで働く職員の一員でいられることをとても誇りに思います。

　今後、より良い支援ができるようさらなる専門性の向上に努めたいと思います。

〔市川　理紗〕

第 5 章

各機関に求められる役割と連携のあり方

Q84 児童相談所は何をするところですか？

児童相談所虐待対応ダイヤル「189（イチハヤク）」や児童虐待事件のニュースなどから、児童相談所は児童虐待の対応のみに専念しているイメージがあるかも知れませんが、実はそうではありません。児童相談所では、「養護相談（児童虐待対応含）」のほか「障害相談」、「非行相談」、家庭内のしつけでの悩み、不登校、進学適性等に関する「育成相談」、未熟児や疾患等に関する「保健相談」その他の多岐にわたる専門的相談を行っています。また、療育手帳の判定、発行業務等も行っているほか、今日、社会的養育の大きなテーマである「里親」について、その社会的啓発や登録、委託業務も行っています。

児童相談所では受け付けた相談について、まず「児童福祉司」がその事象の背景等について子どもの福祉的観点から調査を行います。そして「児童心理司」が本人や家族への面接や各種心理検査等により心理的アセスメントを行います。また「児童指導員」や「保育士」が必要に応じて子どもを一時保護し行動観察を行います。さらに「医師」が必要に応じて医学診断を行います。このように児童相談所では専門的知見をもとに、総合的に子どもの援助方針を決定し必要な措置を行っています。

児童相談所は児童福祉法に規定され、都道府県、政令指定都市及び児童相談所設置市が設置主体となり運営されています。「児相（じそう）」と略していわれることが多いですが、地域により女性相談や障害者への相談などと一体化した「○○○センター」となっている場合もあります。一度、自分自身の住む地域を管轄する児童相談所はどこか調べてみましょう。

[浦田　雅夫]

Q85

児童相談所の一時保護について教えてください。

児童相談所長又は都道府県知事等は児童福祉法及び関係法令、ガイドラインに基づき、子どもの安全を迅速に確保し、適切な保護を図る必要がある場合や子どもの心身の状況、環境その他を把握する必要がある場合は子どもの一時保護を行うことができます。

一時保護は虐待を受けた子ども、棄児、家出をした子ども等、現にいま保護者がない子どもや子ども自身又は他人の生命、身体、財産に危害をおよぼす又はそのおそれがある場合、一定の重大事件に係る触法少年として警察から身柄送致を受けた場合等、緊急性が高いものもあります。

一時保護は通常、児童相談所に付設されている一時保護所（全ての児童相談にあるわけではない）において一時保護を行いますが、子どもの年齢や心身の状況、緊急性等によっては、警察署、福祉事務所、児童福祉施設、里親その他児童福祉に深い理解と経験を有する適切な者や機関に一時保護を委託することもできます。

一時保護には、保護者の同意を得ない緊急一時保護のほかに家庭や学校での生活、里親や施設による養育のなかで、子ども本人や周囲に困難が生じる場合等にアセスメントのために計画的に行動観察や心理検査等を行う場合があります。いずれにせよ、一時保護は安全確保と引き換えに子どもの行動、自由や学習権を一定程度制限せざるを得ないため、長期化することは子どもにとって権利侵害を生じます。そのため一時保護は原則2か月を超えないこととされています。

2022年の児童福祉法の改正により、児童相談所が一時保護を開始する際には、親権者等が同意した場合等を除き、事前又は保護開始から7日以内に裁判官に一時保護状を請求する等の手続が必要になります。その他、一時保護に際して、子どもの意見・意向表明や権利擁護に向けた必要な環境整備を行うことや第三者によるアドボケイト（子どもの思いを聴いたり代弁したりすること）が求められています。　　　　［浦田　雅夫］

Q86 福祉事務所について教えてください。

　福祉事務所は、社会福祉法第三章において「福祉に関する事務所」と規定されており、都道府県及び市（特別区を含む）は必置となっています。福祉事務所は、1950（昭和25）年に誕生した社会福祉主事が勤務をする場所として、1951（昭和26）年に発足しました。

　今日の福祉事務所は、生活保護制度の運営をその中心的業務としています。福祉事務所には、所長、指導監督を行う所員（査察指導員）、現業を行う所員（現業員）、事務を行う所員（事務員）を置かなければなりません。そのなかで、査察指導員並びに現業員は社会福祉主事でなければなりません。

　福祉事務所のなかには、1964（昭和39）年に設置が始まった家庭児童相談室を有するところがあります。これは家庭における児童の養育等を図るために、都道府県または特別区、市町村が設置する福祉事務所に設置されています。なお、家庭児童相談室は児童相談所と比較し、地域に密着した比較的軽易な相談事例を扱います。

　福祉事務所では、生活保護の利用に関する住民からの相談や、生活保護利用者宅への訪問、指導に限らず、子ども、高齢、障害分野にも精通したソーシャルワークの高い専門性を必要とする業務が求められています。その一方で、2016（平成28）年現在、社会福祉主事の資格取得率は査察指導員ならびに現業員ともに８割弱に留まっています。

　さらには、ソーシャルワーカーの国家資格である社会福祉士・精神保健福祉士の資格取得率は、徐々に上昇をしているものの、査察指導員ならびに現業員ともに社会福祉士有資格者は１割程度、精神保健福祉士有資格者は１～２％となっています。福祉事務所に勤務するソーシャルワーカーの専門性向上は、今後の課題といえるでしょう。　　　　[田中　秀和]

Q87

要保護児童対策地域協議会とは、どのような協議会ですか？

　要保護児童対策地域協議会（子どもを守る地域ネットワーク）（以下「地域協議会」）は、市町村を含む地方公共団体によって設置するものであり、2004（平成16）年に児童福祉法の一部を改正する法律によって法定化され、規定等が整備されました。地域協議会は、2007（平成19）年に設置の努力義務が市町村に課せられ、翌2008（平成20）年には、協議対象に特定妊婦と要支援児童が追加されました。さらに、2016（平成28）年には地域協議会の調整担当者の配置と研修が義務化されました。地域協議会の設置の目的は、要保護児童等を早期に発見することで、支援の開始時期を早め、関係諸機関の連携によって、より専門的な支援につなげることです。

　対象は、児童福祉法 第6条の3に規定する要保護児童（保護者のない児童又は保護者に監護させることが不適当であると認められる児童）、要支援児童（保護者の養育を支援することが特に必要と認められる児童）及び、特定妊婦（出産後の養育について出産前において支援を行うことが特に必要と認められる妊婦）ですが、虐待を受けた子どもに限らず、非行児童なども含まれます。設置運営状況は、2020（令和2）年4月1日現在、1,741市区町村の99.8％（1,738市区町村）に設置されており、未設置は2町1村のみとなっています。課題としては、専門職を有する職員が81.9％と十分でないうえに、調整機関の担当職員の専任は僅か6.9％となります。また、義務化された調整担当者研修の受講状況は、78.1％です。さらに、会議の運営についても開催する頻度や会議の内容面などの課題が残されています。　　　　　　　　[木塚　勝豊]

Q88

家庭裁判所とは、どのようなところですか？

　家庭裁判所は、戦後の司法改革で地方裁判所の支部とされた家事審判所と、戦前の司法省が管轄していた少年審判所が統合され、「家庭に光を、少年に愛を」という標語のもと、1949（昭和24）年1月1日に誕生しました。

　家庭裁判所は、都道府県所在地及び函館、旭川、釧路に合計50の本庁があり、それ以外に203の支部と77の出張所があります。家庭裁判所は大別して、家事事件と少年事件を管轄します。

　家事事件は、例えば扶養、離婚、後見、遺言、相続など、夫婦・家族の紛争を円満解決するために、民事事件のような公開の訴訟手続ではなく、非公開の調停・審判の手続で取り扱う事件のことですが、離婚に関しては、調停・審判が成立しなければ、公開の訴訟手続で解決します。また、児童虐待に対応する親権の喪失・停止、児童相談所の措置に対する承認なども家事事件に含まれます。

　少年事件は、主として14歳以上の犯罪少年について、その健全育成をめざす見地から、刑事事件のような公開の訴訟手続ではなく、非公開の審判手続で、非行の事実を確認したうえで、少年鑑別所技官、家庭裁判所調査官など、心理学、社会福祉学などの専門的な見地から分析された要保護性に応じて、審判不開始、不処分、保護観察、少年院送致などが決定される事件のことです。ただし、刑事裁判に逆送されて刑罰を受ける場合もありますし、刑事裁判から家庭裁判所に移送されて保護処分になる場合もあります。なお14歳未満の触法少年は児童相談所が児童福祉法に基づき対応するのが原則ですが、児童相談所から家庭裁判所に送致されて少年院送致などの保護処分を受けることもあります。

　最後に、日本の裁判制度は三審制になっていますので、家庭裁判所の審判に不服があれば高等裁判所へ抗告、高等裁判所の決定に不服があれば最高裁判所に特別抗告ができます。

[若穂井　透]

Q89

子育て世代包括支援センターの役割は何ですか？

　2016（平成28）年に母子保健法の改正において子育て世代包括支援センター（法律上の名称は母子健康包括支援センター）の設置が市町村の努力義務とされました。妊産婦・乳幼児等の支援には、複数の関係機関（医療機関、こども園・幼稚園、保育所、地域子育て支援拠点事業所、市町村保健センター、保健所など）が関わっています。子育て世代包括支援センターでは、それらの関係機関・支援の情報をひとつの窓口に集約し、それぞれの支援ニーズに合わせて情報提供を行い、センターが調整役となり適切な機関・支援につなげるというワンストップ拠点の役割を担っています。子育て世代包括支援センターは妊婦の面談等で直接的に状況の把握を行いつつ、関係機関が把握している情報を集約し、妊産婦・乳幼児等の状況を継続的かつ包括的に把握し、妊娠期から子育ての切れ目のない支援を行い、子育て不安の解消や虐待の早期予防、問題の早期発見等に努めています。

　なお、2022（令和4）年の児童福祉法等の一部を改正する法律（2024年4月施行）により、市区町村における「こども家庭センター」の設置が努力義務とされました。これまで、母子保健法に基づきすべての妊産婦・乳幼児を支援対象とした「子育て世代包括支援センター」と、児童福祉法に基づき要支援家庭を支援対象とした「子ども家庭総合支援拠点」が併存していましたが、これらの支援機関を一本化し、すべての妊産婦、子育て世帯、子どもへの一体的な相談支援を行う機関となります。こども家庭センターでは、「①児童及び妊産婦の福祉や母子保健の相談等、②把握・情報提供、必要な調査・指導等、③支援を要する子ども・妊産婦等へのサポートプランの作成、連絡調整、④保健指導、健康診査等」が主な業務となります。

[赤嶺　恵理]

Q90 保健機関とはどのように連携しますか？

　市町村保健センターでは、母子手帳の交付、母親学級、家庭訪問（乳児家庭全戸訪問事業等）、乳幼児健康診査、障がいの早期発見・発達支援（療育）、子育て相談等が行われております。そのため、市町村保健センターは妊娠期から子育て期まで子育て家庭と関わる可能性をもつ貴重な機関となっています。市町村保健センターはこれらの母子保健活動を通して母親の心身の不調や育児不安、子どもの身体・精神的状況、子どもの健康管理の状況（予防接種の接種状況や乳幼児健康診査の受診の有無等）等の情報を把握し、虐待リスクの早期発見に努めています。そのため、子どもが入居する前に居住していた市町村保健センターに児童相談所等から問い合わせをすることで、入所前の子どもの生活環境、保護者の養育の状況等について把握できる可能性があります。

　また、家庭復帰に向けた家庭環境調整は基本的に児童相談所が児童福祉施設と連携しながら行いますが、施設入所措置後も保健所や市町村保健センター等は保護者への関わりを続けていることも多く、家庭環境調整を行う上で、保健所や市町村保健センター等の役割は重要です。虐待を受けた子どもに対する適切な対応を図るためにも、保健所、市町村保健センター等に対して保健上の特別な配慮について助言を仰ぎ、入所施設と情報を共有することが有用です。子どもが家庭復帰する場合、特に、乳幼児を持つ保護者で養育支援が必要な場合や子どもや保護者が何らかの精神保健に関する問題が認められる場合等は、児童相談所を中心とした情報の共有や役割の明確化を行い、子どもと家族を支える連携体制の構築が求められます。

[赤嶺　恵理]

❖引用・参考文献
・厚生労働省「子ども虐待対応の手引き」

Q91 医療機関とはどのように連携しますか？

　医療機関及び医療従事者は、さまざまな子育て家庭と関わる機会があるため、児童虐待を発見しやすい立場です。医療機関が児童虐待を受けたと思われる児童を発見した場合に、児童相談所もしくは市町村に通告する義務があります。要保護児童を発見した場合の通告窓口の周知をし、速やかに連携がとれる体制を整えておく必要があります。また、病院から児童福祉施設へ入所する場合には、子どもの状態を把握するために、医師や看護師による治療経過や入院中の生活状況等の記録が重要な情報になります。2016（平成28）年「児童福祉法等の一部を改正する法律」では、「児童相談所等から求められた場合に、医療機関は、被虐待児童等に関する資料等を提供できるものとする」と明記されました。

　子どもが児童福祉施設に入所中も医療機関や医師との連携が必要になります。児童福祉施設では、児童心理治療施設には医師が配置され、その他の施設では嘱託医と連携し、入所中の子どもの健康管理が行われています。児童福祉施設のうち、看護師が配置されている施設では看護師が子どもの医療情報と健康管理の把握を行い、看護師が配置されていない施設では担当職員が中心となり、医療機関や医師との連携を図っています。虐待を受けた子どもの中には、障害を持っていたり、慢性的な疾患を抱えている子どもも少なくありません。障害や慢性疾患が虐待のリスク要因になっていることもあります。児童福祉施設では医師や看護師からの指示のもと、医療的援助を行う可能性もあります。日常生活の制限や、子どもへの病気の説明、自立の支援などを行う必要がある場合には、児童相談所が中心となり、児童福祉施設と医療機関に加え、保健機関や学校などとも連携しなければなりません。そして、虐待を受けた子どもには、虐待によると考えられる外傷や障害、発達の遅れなどがある場合があります。特に虐待を受けた子どもの中には注意欠如多動性障害などの行動の障害、学習の障害などといった精神的障害を持っている子どもが少なくありません。身体的な治療が必要なケースでは医療機関による診察・治療、発達の遅れがあるケースでは専門の医療機関や療育機

関に所属する医師の診察や療育、精神的障害があるケースでは子どもの精神障害に対応できる医療機関による医学的な評価と治療が必要となります。また、保護者に精神障害がある場合には、子どもとの接触を検討するうえで保護者の状態を把握する必要があります。そのため保護者が通院している医療機関との連携が必要です。

　里親委託や児童養護施設等への入所措置の解除後も医療機関との連携により、メンタルケアを含む医療的支援につなげ自立生活を支える必要があります。困窮を理由に入所中に受けていた治療の継続を断念しているケースもあります。2017（平成29）年に開始された「社会的養護自立支援事業」では、「精神科医や公認心理師等との嘱託契約等により、医療機関等との連絡調整や同行支援の実施など、メンタルケアをはじめとした医療的な支援が必要な対象者が適切に医療を受けられる支援体制を整備すること」と明記されています。

　このように子どもの入所前から退所後まで様々な場面で医療機関と連携する可能性があります。医療機関には、医師、看護師だけではなく、医療ソーシャルワーカーや保健師、助産師がいる場合があります。さまざまな職種から見える子どもと保護者の状態を把握しながら、それぞれの職種の役割や機能を十分に活用して子どもを支えるネットワークを構築することが重要です。

[赤嶺　恵理]

❖引用・参考文献
・厚生労働省「子ども虐待対応の手引き」
・厚生労働省「児童相談所運営指針」

Column 12

こども家庭庁設立の経緯と期待

〈経緯〉

　近年、我が国は少子高齢社会が進行し高齢者福祉を中心に財源保障も含めて検討されてきましたが、やっと最近になって、国を挙げて子ども政策に力を入れなければ国の存続にも関わる課題であることが認識され、子ども政策に力を入れようとし、そのため子ども庁を創設するべきであるとの議論がなされるようになったところです。菅政権にて本格的な検討がなされ、それを岸田政権で引き継ぐ形で様々な議論を経て「こども家庭庁」の創設に向けて2021（令和3）年12月に閣議決定がなされ、第208回通常国会にて審議し2022（令和4）年6月15日に「こども家庭庁設置法案」として成立し、2023（令和5）年4月1日から「こども家庭庁」が設置されることとなったところです。

〈概要〉

　こども家庭庁の創設にあたっては、「こども政策の新たな推進体制に関する基本方針（こども真ん中社会を目指すこども家庭庁の創設について）」を作成し、その基本理念として①子どもの視点、子育て当事者の視点に立った政策

図　こども政策の新たな推進体制に関する基本方針のポイント

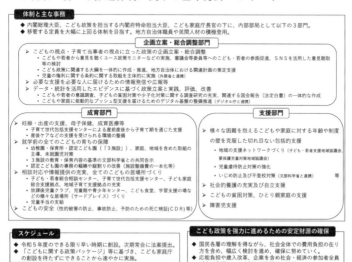

（出典：内閣府「こども政策の新たな推進体制に関する基本方針」（2021年））

立案、②すべての子どもの健やかな成長、Well-beingの向上、③だれも取り残さず、抜け落ちることない支援、④制度や組織による縦割りの壁、切れ目ない包括的支援、⑤待ちの支援からプッシュ型支援、アウトリーチ型支援へ、⑥エビデンスに基づく政策立案とPDCAサイクル実践、以上6点を基本として、①企画調整部門、②成育部門、③支援部門に分けての活動部門のイメージ図が示されています。

〈こども家庭庁の設立の期待と課題〉

　まず第一に、子ども政策の実施主体のほとんどは市区町村となっていますが、実態は自治体間格差が著しく、国としてこども家庭庁を創設し国全体の子ども政策の充実に努め、各自治体の水準アップや格差是正につながるものと期待しています。また、第二に縦割り行政の弊害についても、都道府県や区市町村において行政の窓口の同一化や協働化が進むものと期待したいところですが、その縦割り行政の弊害が解消されるのか不安が残ります。

　さらに第三として、子ども家庭福祉の政策や実践に関わる人の専門性や力量強化が重要であり、保育士や社会福祉士等の処遇改善や待遇改善が期待されるところです。そのためには今回のこども家庭庁設置に伴って、子ども家庭政策にかかる予算が十分に保障されることに期待されています。

　こども家庭庁の創設の中心には、少子社会への対策が中心的課題であると思われますが、社会的養護分野からすると「子どもの貧困対策」「児童虐待の防止策」「いじめや不登校対策」「子どもの自殺の撲滅対策」等々に対する抜本的政策が期待されるところです。そのためには、親だけに子どもの養育の責任を負わせることなく、保育所や学校、学童、青少年の居場所、里親や施設等の更なる充実とともに、子育てや教育に社会が責任を持つ方向に行けばよいのではとの思いでこども家庭庁の創設に期待しているところです。さらに、「子ども庁」ではなく「こども家庭庁」としたことが子どもの養育を親や家庭だけに負わせる意図があるとすると、それは子どもの福祉にとって後退の方向に行くのではないかとの懸念があります。子どもをど真ん中にするというのであれば、真に子どもをど真ん中にする社会づくりやシステムづくりが求められている時です。

［武藤　素明］

第 **6** 章

参考資料

1 児童の権利に関する条約（抄）

$$\begin{bmatrix} \text{平成6年5月16日} \\ \text{条約第2号} \end{bmatrix}$$

改正 平成15年6月12日条約第3号
同15年6月12日外務省告示第183号

第1部

第1条

　この条約の適用上、児童とは、18歳未満のすべての者をいう。ただし、当該児童で、その者に適用される法律によりより早く成年に達したものを除く。

第3条

1　児童に関するすべての措置をとるに当たっては、公的若しくは私的な社会福祉施設、裁判所、行政当局又は立法機関のいずれによって行われるものであっても、児童の最善の利益が主として考慮されるものとする。

2　締約国は、児童の父母、法定保護者又は児童について法的に責任を有する他の者の権利及び義務を考慮に入れて、児童の福祉に必要な保護及び養護を確保することを約束し、このため、すべての適当な立法上及び行政上の措置をとる。

3　（抄）

第5条

　締約国は、児童がこの条約において認められる権利を行使するに当たり、父母若しくは場合により地方の慣習により定められている大家族若しくは共同体の構成員、法定保護者又は児童について法的に責任を有する他の者がその児童の発達しつつある能力に適合する方法で適当な指示及び指導を与える責任、権利及び義務を尊重する。

第6条

1　締約国は、すべての児童が生命に対する固有の権利を有することを認める。

2　締約国は、児童の生存及び発達を可能な最大限の範囲において確保する。

第9条

1　締約国は、児童がその父母の意思に反してその父母から分離されないこ

とを確保する。ただし、権限のある当局が司法の審査に従うことを条件として適用のある法律及び手続に従いその分離が児童の最善の利益のために必要であると決定する場合は、この限りでない。このような決定は、父母が児童を虐待し若しくは放置する場合又は父母が別居しており児童の居住地を決定しなければならない場合のような特定の場合において必要となることがある。

2　すべての関係当事者は、1の規定に基づくいかなる手続においても、その手続に参加しかつ自己の意見を述べる機会を有する。

3　（抄）

4　（抄）

第12条

1　締約国は、自己の意見を形成する能力のある児童がその児童に影響を及ぼすすべての事項について自由に自己の意見を表明する権利を確保する。この場合において、児童の意見は、その児童の年齢及び成熟度に従って相応に考慮されるものとする。

2　（抄）

第13条

1　児童は、表現の自由についての権利を有する。この権利には、口頭、手書き若しくは印刷、芸術の形態又は自ら選択する他の方法により、国境とのかかわりなく、あらゆる種類の情報及び考えを求め、受け及び伝える自由を含む。

2　1の権利の行使については、一定の制限を課することができる。ただし、その制限は、法律によって定められ、かつ、次の目的のために必要とされるものに限る。

（a）　他の者の権利又は信用の尊重

（b）　国の安全、公の秩序又は公衆の健康若しくは道徳の保護

第19条

1　締約国は、児童が父母、法定保護者又は児童を監護する他の者による監護を受けている間において、あらゆる形態の身体的若しくは精神的な暴力、傷害若しくは虐待、放置若しくは怠慢な取扱い、不当な取扱い又は搾取（性

的虐待を含む。）からその児童を保護するためすべての適当な立法上、行政上、社会上及び教育上の措置をとる。

2　（抄）

第20条

1　一時的若しくは恒久的にその家庭環境を奪われた児童又は児童自身の最善の利益にかんがみその家庭環境にとどまることが認められない児童は、国が与える特別の保護及び援助を受ける権利を有する。

2　締約国は、自国の国内法に従い、1の児童のための代替的な監護を確保する。

3　（抄）

第21条

養子縁組の制度を認め又は許容している締約国は、児童の最善の利益について最大の考慮が払われることを確保するものとし、また、

（a）　児童の養子縁組が権限のある当局によってのみ認められることを確保する。この場合において、当該権限のある当局は、適用のある法律及び手続に従い、かつ、信頼し得るすべての関連情報に基づき、養子縁組が父母、親族及び法定保護者に関する児童の状況にかんがみ許容されること並びに必要な場合には、関係者が所要のカウンセリングに基づき養子縁組について事情を知らされた上での同意を与えていることを認定する。

（b）　児童がその出身国内において里親若しくは養家に託され又は適切な方法で監護を受けることができない場合には、これに代わる児童の監護の手段として国際的な養子縁組を考慮することができることを認める。

（c）　国際的な養子縁組が行われる児童が国内における養子縁組の場合における保護及び基準と同等のものを享受することを確保する。

（d）　国際的な養子縁組において当該養子縁組が関係者に不当な金銭上の利得をもたらすことがないことを確保するためのすべての適当な措置をとる。

（e）　適当な場合には、二国間又は多数国間の取極又は協定を締結することによりこの条の目的を促進し、及びこの枠組みの範囲内で他国にお

ける児童の養子縁組が権限のある当局又は機関によって行われること
を確保するよう努める。

第25条

締約国は、児童の身体又は精神の養護、保護又は治療を目的として権限の
ある当局によって収容された児童に対する処遇及びその収容に関連する他の
すべての状況に関する定期的な審査が行われることについての児童の権利を
認める。

第32条

1　締約国は、児童が経済的な搾取から保護され及び危険となり若しくは児
　童の教育の妨げとなり又は児童の健康若しくは身体的、精神的、道徳的若
　しくは社会的な発達に有害となるおそれのある労働への従事から保護され
　る権利を認める。

2　（抄）

第34条

締約国は、あらゆる形態の性的搾取及び性的虐待から児童を保護すること
を約束する。このため、締約国は、特に、次のことを防止するためのすべて
の適当な国内、二国間及び多数国間の措置をとる。

　（ａ）　不法な性的な行為を行うことを児童に対して勧誘し又は強制するこ
　　　と。

　（ｂ）　売春又は他の不法な性的な業務において児童を搾取的に使用するこ
　　　と。

　（ｃ）　わいせつな演技及び物において児童を搾取的に使用すること。

第36条

締約国は、いずれかの面において児童の福祉を害する他のすべての形態の
搾取から児童を保護する。

第39条

締約国は、あらゆる形態の放置、搾取若しくは虐待、拷問若しくは他のあ
らゆる形態の残虐な、非人道的な若しくは品位を傷つける取扱い若しくは刑
罰又は武力紛争による被害者である児童の身体的及び心理的な回復及び社会
復帰を促進するためのすべての適当な措置をとる。このような回復及び復帰

は、児童の健康、自尊心及び尊厳を育成する環境において行われる。

第40条

1　締約国は、刑法を犯したと申し立てられ、訴追され又は認定されたすべ
ての児童が尊厳及び価値についての当該児童の意識を促進させるような方
法であって、当該児童が他の者の人権及び基本的自由を尊重することを強
化し、かつ、当該児童の年齢を考慮し、更に、当該児童が社会に復帰し及
び社会において建設的な役割を担うことがなるべく促進されることを配慮
した方法により取り扱われる権利を認める。

2　（抄）

3　（抄）

4　児童がその福祉に適合し、かつ、その事情及び犯罪の双方に応じた方法
で取り扱われることを確保するため、保護、指導及び監督命令、カウンセ
リング、保護観察、里親委託、教育及び職業訓練計画、施設における養護
に代わる他の措置等の種々の処置が利用し得るものとする。

2 児童の代替的養護に関する指針（抄）

国連総会採択決議

（第64回総会第64号議題）

II．一般原則及び展望

A．児童とその家族

3．家族は社会の基本的集団であると同時に、児童の成長、福祉及び保護にとって自然な環境であるため、第一に、児童が両親（又は場合に応じてその他の近親者）の養護下で生活できるようにし、又はかかる養護下に戻れるようにすることを目指して活動すべきである。国は、家族がその養護機能に対する様々な形態の支援を受けられるよう保障すべきである。

4．全ての児童及び青年は、その潜在能力を十分発揮することのできる、支援、保護及び配慮に満ちた環境で暮らすべきである。親による養護が不十分又はかかる養護を受けられない児童は特に、かかる養育環境を与えられない危険にさらされている。

5．児童自身の家族が、適切な支援を受けているにもかかわらずその児童に十分な養護を提供できず、又はその児童を遺棄若しくは放棄する場合、国は所轄の地方当局及び正式に権限を付与された市民社会団体と共に、又はこれらを通じて、児童の権利を保護し適切な代替的養護を確保する責任を負う。所轄当局を通じて、代替的養護下に置かれた児童の安全、福祉及び発達を監督し、提供される養護策の適切性を定期的にチェックすることは国の役割である。

6．本指針の範囲内にある全ての決定、イニシアティブ及びアプローチは、特に児童の安全及び安全保障を確保することを目的としてケースバイケースで行われるべきであり、非差別の原則に従い、男女平等の観点に十分に配慮しつつ、対象となる児童の最善の利益及び権利に基づいて行われなければならない。また、かかる決定等は、児童の発達しつつある能力に従い、児童が全ての必要な情報を得られることを前提として、児童が意見を求められる権利、及び児童の意見が正当に考慮される権利を尊重すべきである。このように児童が意見を求められ、児童が意見を提供する際に、児童の希

望する言語が使用されるようあらゆる努力が行われるべきである。

7．本指針の適用にあたって、児童の最善の利益とは何かという判断は、親による養護を奪われ又は奪われる危険にさらされている児童のため、そのニーズ及び権利を充足するのに最も適した行動指針を特定することを目的に行われるべきである。かかる行動指針は、判断の時点における、また長期的に見た、その児童の家族環境、社会環境及び文化環境におけるその児童の権利の完全な個人的発展並びに権利主体としてのその児童の地位を考慮に入れた上で、特定されるべきである。判断過程において、年齢及び成熟度に応じて児童が権利を求められ、かつ児童の意見が考慮される権利にとりわけ配慮すべきである。

8．各国は現在の代替的養護の提供を改善することに注意を払い、本指針に含まれる諸原則を反映させつつ、各国の全体的な社会・人間開発政策の枠組の中で包括的な児童福祉・児童保護政策を策定及び実施すべきである。

9．各国は、児童の親からの分離を防止するための活動の一環として、適切かつ文化に配慮した以下のような措置を保障すべきである。

（ａ）　障害、薬物及びアルコールの乱用、先住民族又はマイノリティであるという理由での家族への差別、武力紛争地域又は外国の占領下で暮らしている等の要因により、その能力が制限されている家族の養護環境に対する支援措置。

（ｂ）　虐待及び搾取の犠牲となっている児童、遺棄された児童、路上で生活する児童、非嫡出子、付き添いがなく家族と分離されている児童、国内避難民及び難民に該当する児童、移民労働者若しくは亡命希望者の児童、又はHIV/AIDS及びその他の重篤な疾病を抱えており、若しくはかかる疾病を患っている児童など、弱い立場にある児童のため適切な養護及び保護を提供する措置。

10．貧困、民族、性別、身体障害及び精神障害、HIV/AIDS又は（身体的なものであるか精神的なものであるかを問わず）その他の重篤な疾病、非嫡出子であること、社会経済的不名誉、並びに児童の放棄、遺棄及び／又は排除をもたらす可能性のあるその他全ての状態及び状況を含む、児童又は親の状態に基づく差別を撤廃するため、特に努力が行われるべきである。

B．代替的養護

11．代替的養護に関する全ての決定は、家族との接触及び家族への復帰の可能性を促進し、児童の教育、文化及び社会生活の断絶を最小限にとどめるため、原則として児童の通常の居住地のできるだけ近くで養護を行うのが望ましいという点を、十分に考慮すべきである。

12．非公式の養護を含め、代替的養護を受けている児童に関する決定は、安定した家庭を児童に保障すること、及び養護者に対する安全かつ継続的な愛着心という児童の基本的なニーズを満たすことの重要性を十分に尊重すべきであり、一般的に永続性が主要な目標となる。

13．児童はいかなる時も尊厳と敬意をもって扱われなければならず、いかなる養護環境においても、養護提供者、他の児童又は第三者のいずれによるかを問わず、虐待、ネグレクト及びあらゆる形態の搾取から効果的な保護を受けられなければならない。

14．児童を家族の養護から離脱させることは最終手段とみなされるべきであり、可能であれば一時的な措置であるべきであり、できる限り短期間であるべきである。離脱の決定は定期的に見直されるべきであり、離脱の根本原因が解決され又は解消した場合、下記第49項で予定される評価に沿って、児童を親の養護下に戻すことが児童の最善の利益にかなうと判断すべきである。

15．金銭面及び物質面での貧困、又は直接的にも間接的にもかかる貧困によってのみ生じた状態が、児童を親の養護から離脱させ、児童を代替的養護下に置き、又は児童の家族への復帰を妨げる唯一の正当化事由であるべきではなく、かかる貧困又は状態は家族に対する適切な支援提供の必要性を示すシグナルとみなされるべきである。

16．教育、医療及びその他の基本サービスを受ける権利、アイデンティティの権利、信仰又は信条の自由、言語の自由、財産の保護並びに相続権、ただしこれらに限定されない、親の養護下にない児童にとって特に大切なその他全ての権利を推進し保護することに、注意を払わなければならない。

17．すでに結びつきのある兄弟姉妹は、明らかな虐待の危険性がない限り、又は児童の最善の利益の観点から正当化し得るその他の事由がない限り、

原則として代替的養護を理由に分離されるべきではない。いずれの場合も、本人の意思又は利益に反しない限り、兄弟姉妹が互いに連絡を取り合えるようあらゆる努力が行われるべきである。

18. 大半の国々では親の養護下にない児童の大多数は親族又はその他の者による非公式の養護を受けているという認識に立ち、各国は、文化・経済・性別・信仰における相違と、児童の権利及び最善の利益に反しない慣行を十分に尊重した上で、かかる非公式な養護下に置かれた児童の福祉及び保護を保障するための適切な手段を、本指針に従って案出するよう努めるべきである。

19. 児童はいかなる時も、法定後見人又はその他の認められた責任ある大人又は所轄公共団体の支援及び保護を受けた状態にあるべきである。

20. 代替的養護の提供は決して、提供者の政治的、宗教的又は経済的目標を達することを主な目的として実施されるべきではない。

21. 居住養護の利用は、かかる養護環境が個々の児童にとって特に適切、必要かつ建設的であり、その児童の最善の利益に沿っている場合に限られるべきである。

22. 専門家の有力な意見によれば、幼い児童、特に3歳未満の児童の代替的養護は家庭を基本とした環境で提供されるべきである。この原則に対する例外は、兄弟姉妹の分離の防止を目的とする場合や、かかる代替的養護の実施が緊急性を有しており、又はあらかじめ定められた非常に限られた期間である場合であって、引き続き家庭への復帰が予定されているか、又は結果として他の適切な長期的養護措置が実現する場合であろう。

23. 施設養護と家庭を基本とする養護とが相互に補完しつつ児童のニーズを満たしていることを認識しつつも、大規模な施設養護が残存する現状において、かかる施設の進歩的な廃止を視野に入れた、明確な目標及び目的を持つ全体的な脱施設化方針に照らした上で、代替策は発展すべきである。かかる目的のため各国は、個別的な少人数での養護など、児童に役立つ養護の質及び条件を保障するための養護基準を策定すべきであり、かかる基準に照らして既存の施設を評価すべきである。公共施設であるか民間施設であるかを問わず、施設養護の施設の新設又は新設の許可に関する決定は、

この脱施設化の目的及び方針を十分考慮すべきである。

Ⅳ. 代替的養護の必要性の予防

Ａ．親による養護の促進

32. 各国は、家族が児童に対する責任を果たすのを支援し、父母の両方と関わりを持つという児童の権利の発展を促すための政策を遂行するべきである。かかる政策は、とりわけ出生登録の権利、並びに十分な住宅及び基本的な保健・教育・社会福祉サービスを享受する権利を保障すると同時に、貧困、差別、疎外、偏見、暴力、児童虐待及び性的虐待、並びに薬物乱用を撲滅するための措置を推進することにより、児童の遺棄、放棄及び家族からの分離の根本的原因に対処すべきである。

33. 各国は、親の児童に対する養護能力を高め強化することを目的とした、一貫しており相互に補強し合うような家族指向の政策を策定及び実施すべきである。

34. 各国は、遺棄、放棄及び、児童の家族からの分離を避けるために有効な措置を実施すべきである。社会政策及び社会プログラムはとりわけ、家族が児童の保護、養護及び発達に十分適した場所となれるよう、心構え、技能、能力及びツールを供与して家族に力を与えるべきである。各国及び市民社会（非政府組織、地域密着型組織、宗教指導者及びメディアを含む）の相互に補い合う能力は、この目的のために用いられるべきである。これらの社会保護措置には以下を含めるべきである。

　（ａ）　育児講座、育児座談会、前向きな親子関係及び対立を解決する技能の普及の促進、雇用及び収入創出の機会、並びに要求ある場合、社会扶助などといった、家族を強化するためのサービス。

　（ｂ）　昼間養護、仲裁・調停サービス、薬物乱用の治療、金銭的支援及び障害を持つ親子のためのサービスなどといった、支援的社会福祉事業。かかるサービスは、一体化され、押しつけがましくない形で実施されることが望ましいが、地域レベルで直接受けられる体制になっているべきであり、家族がパートナーとして参加することを積極的に求め、家族の資源を地域社会及び養護者の資源と結びつけるべきである。

　（ｃ）　青年に日常生活の困難に積極的に立ち向かう（親の家を出るという

決断をする場合を含む）ための力を与え、将来親となる立場の者たちに、性及び生殖の健康に関して十分な情報に基づく決定を行い、性及び生殖に関して自らの責任を果たすための心の準備をさせることを目指した青少年政策。

35. 家族の支援には、互いに補完し合う様々な方法及び技術が用いられるべきであり、当該家族の関与を確保することで、家庭訪問、他の家族とのグループミーティング、事例検討会など、その方法・技術は支援のプロセスを通じて様々である。これらの家族支援の方法・技術は、家族内の関係を円滑にすること、及び家族の地域への統合を促進することを目指すべきである。

36. 独身の親及び未成年の親並びにその児童（非嫡出子であるか否かを問わない）に対する支援及び養護サービスの提供及び推進には、自国の法に従い、特に注意を払うべきである。各国は、未成年の親たちが、親であると同時に児童でもあるという立場からもたらされる全ての権利（自分自身の発達のためのあらゆる適切なサービス、親が受ける権利を有する手当、及び相続権を含む）を保持できるよう保障すべきである。妊娠した未成年者を確実に保護し、彼女らが妊娠によって学業を中断されることがないよう保障するための措置を取るべきである。また、独身の親及び未成年の親への偏見を減らすための努力も行うべきである。

37. 親又は養護者を失った後も、元の家で家族として共に暮らし続けることを希望する兄弟姉妹には、兄弟姉妹の中の最年長者が家長としての役割を果たすことを望み、かつその能力があるとみなされる場合には、支援及びサービスが与えられるべきである。各国は、上記第19項に定める通り、法定後見人、認められた責任ある大人又は（必要に応じて）後見人の役割を果たすことを法的に委任された公共団体を任命することにより、かかる家族があらゆる形式の搾取及び虐待からの無条件の保護を受けられ、かつ児童たちの健康、住宅、教育及び相続権に特に配慮した、地域社会及び地域のサービス（ソーシャルワーカーなど）による監督及び支援を受けられるよう保障すべきである。かかる家族の家長が、家長としての権利に加えて、教育及び余暇を享受する権利を含め児童としての地位に固有の全ての権利

を確実に保持できるよう、特に注意を払うべきである。

38. 各国は昼間養護（全日制の学校教育を含む）及びレスパイトケアの機会を保障すべきである。かかる機会があれば、親は家族に対する全般的な責任（特別なニーズを持つ児童の養護に伴う追加的な責任を含む）により良く対処できるからである。

家族の分離の防止

39. 所轄の当局又は機関が、児童の福祉が危険にさらされていると考える合理的な理由を有する場合、児童とその家族の状況（家族がその児童を養護し得る実際の能力及び潜在的能力を含む）を評価するため、専門的知識に基づく健全な原則に沿った適正な基準を策定し、一貫して適用すべきである。

40. 分離及び復帰に関する決定はかかる評価に基づいて行われるべきであり、適当な資格を持ち訓練を受けた専門家が所轄当局に代わり、又は所轄当局の認可を受けて、関係者全員と十分に協議し、児童の将来を計画しなければならないことを常に念頭に置いた上でかかる評価を実施すべきである。

41. 各国は、妊娠及び児童の養護を十分に行い得るような尊厳及び平等の条件を確保するため、妊娠期、出産期及び授乳期の権利を一体的に保護・保障するための措置を採用するよう奨励される。したがって、将来母親と父親となる立場の者たちや、特に未成年の親に対する支援プログラムを提供すべきである。これらの者たちは親としての責任を果たすのに苦労するからである。かかるプログラムは、母親と父親が尊厳を保った状態で親としての責任を果たすことができるよう親に力を与え、親がその弱さゆえに児童を捨てることがないよう防止することを狙いとすべきである。

42. 児童が放棄又は遺棄された場合、各国は、かかる場合にも放棄又は遺棄の事実に関する秘密が守られ、児童の安全性が保たれるよう保障すると共に、各国の法のもとで可能な場合、必要に応じて、児童が自らの出自に関する情報を取得する権利を尊重すべきである。

43. 各国は、児童が匿名で遺棄された状況に対処するための明確な政策を策定すべきである。かかる方針には、家族の追跡を実施すべきか否か、実施すべき場合はその方法、及び元の家族への復帰か拡大家族への委託かいず

れを追求すべきかを明記するものとする。またかかる政策は、児童を児童の家族に永続的に委託することの適格性について適時に決定し、かかる委託を迅速に手配できるよう考慮されたものであるべきである。

44. 公共又は民間の機関又は施設に対して、児童を永続的に放棄したいと希望する親又は法定後見人から接触があった場合、各国はかかる家族が児童の養育を続ける気になり、かつ続けていけるよう、カウンセリング及び社会的支援を確実に受けられるようにすべきである。それが失敗した場合、当該児童に対し恒久的な責任を負うことを希望する他の血縁者がいるか否か、その者の養育に委ねることが児童にとっての最善の利益にかなっているか否かを判断するため、ソーシャルワーカー又はその他の適切な専門家による評価を実施するものとする。他の血縁者による養育が不可能であるか、又は児童の最善の利益に沿わない場合、合理的な期間内に、児童を永続的に養育する家族を見つけるべく努力を行う。

45. 公共又は民間の機関又は施設に対して、児童を短期間又は無期限に委託して養護を依頼したいと希望する親又は養育者から接触があった場合、国はその者が児童の養育を続ける気になり、かつ続けていけるよう、カウンセリング及び社会的支援の機会を保障すべきである。そういった努力が全て失敗に終わり、代替的養護を開始すべき容認可能かつ正当な理由が存する場合に限り、児童を代替的養護下に置くことを認めるべきである。

46. 教師及び児童を相手に働くその他の者が、虐待、ネグレクト、搾取又は遺棄の状況を見つけ出し、かかる状況を所轄団体に連絡できるようにするため、それらの者に専用の訓練を提供すべきである。

47. 児童をその両親の意思に反して両親から分離するという決定は、所轄当局が法律及び手続に従い実施すべきであり、かかる決定は司法審査の対象となる。親は抗告を行う権利及び適切な法定代理人に連絡する機会を保障されるべきである。

48. 児童の唯一の、又は主たる養護者が保安処分又は刑法に基づく判決により自由を奪われた場合、児童の最善の利益に十分配慮した上で必要に応じ、拘置所での非拘束的な再拘留措置又は非拘束的判決を採用すべきである。各国は、刑務所で生まれた児童及び刑務所で親と共に暮らしている児童を

分離する決定をする際には、児童の最善の利益を考慮に入れるべきである。かかる児童たちの分離は、分離を検討するその他の事例と同様に扱うべきである。親と共に拘留状態にある児童たちが、自由な個人としての児童自身の地位と、地域社会の諸活動と接触できる機会を保障されつつ、十分な養護及び保護を受けられるよう、最善の努力を行うべきである。

Ｂ．家族への復帰の促進

49．児童の家庭への復帰に向けて児童及びその家族に心構えをさせ、児童及びその家族を支援するため、正式に任命され多くの専門分野にわたる助言を得られる立場にある個人又はチームが様々な関係者（児童、家族、代替的養護提供者）と話し合った上、かかる児童の状況を評価し、その児童を家族へ復帰させることが可能であり児童の最善の利益に沿っているか否か、そのためにどのような手段が必要か、及び誰が監督すべきかを決定すべきである。

50．家庭への復帰の狙い、並びにその点における家族及び代替的養護提供者の主な課題を書面に記し、関係者全員の同意を得るべきである。

51．家庭への復帰を特に目的とした児童とその家族との定期的かつ適切な接触を、所轄団体は発展させ、支援し、かつ監視すべきである。

52．児童の家庭への復帰は、いったん決定された後は、児童のニーズ及びその能力の成長度合、並びに分離の原因を考慮した追跡措置及び支援措置を伴った、監督つきの段階的なプロセスとして計画されるべきである。

Ⅴ．養護の提供の枠組

53．親の養護下にない児童の個別の心理・情緒的ニーズ、社会的ニーズ及びその他のニーズを満たすため、各国は、家族及び地域を基盤にした解決策を最優先に据えた適正な代替的養護の選択肢を提供できるだけの法律面、政治面及び財政面の条件が確実に整うよう、あらゆる必要な措置を取るべきである。

54．各国は緊急時、短期間及び長期間の養護のため、本指針の一般原則に沿った多種多様な代替的養護の選択肢が利用できるよう保障すべきである。

55．各国は、児童の代替的養護の提供に携わる全ての団体及び個人が、かかる養護の提供に関し所轄当局から適切な認可を受けており、本指針の遵守

に関し、所轄当局による定期的な監視及びチェックの対象とされることを保障すべきである。この目的のため、所轄当局は養護提供者の専門的・倫理的適性の評価並びに養護提供者の認可付与、監視及び監督のための適切な基準を策定すべきである。

56. 拡大家族、友人又はその他の者のいずれにより行われる場合であっても、児童に対する非公式の養護提供に関しては、各国は必要に応じて、養護者及び児童が、児童の福祉及び保護の増進につながる必要な金銭的支援及びその他の支援を受けられるようにするため、かかる非公式の養護を所轄当局に届け出るよう養護者に働きかけるべきである。可能であり適切な場合には各国は、非公式の養護がこれまでのところ児童の最善の利益に沿っていることが明らかになっており、かつ予見可能な将来にわたり継続するであろうと見込まれる場合に限って、適切な期間の経過後、かかる非公式の養護を公式のものとすることを養護者に勧め、かつそれを可能にすべきである。

VI. 最適な養護の形態の決定

57. 児童の最善の利益に沿った代替的養護に関する意思決定は、法的な予防措置（必要に応じて、訴訟において児童を代理する法定代理人を含む）を設けた上で、司法手続、行政手続又はその他の適切な公認の手続を通して行うべきである。かかる意思決定は厳密な評価、計画及びチェックに基づき、確立された組織及び体制を通じて、可能であれば常に、多くの専門分野にわたるチームの適切な資格を有する専門家がケースバイケースで行うべきである。意思決定のあらゆる段階で、児童の能力の成長度合に応じて児童と、また児童の親又は法定後見人と、十分に話し合うべきである。そのためには、関係者全員がその意見の根拠となる必要な情報を与えられるべきである。各国は、本指針の遵守を推進するため、最適な養護形態を判断する責任を負う専門家の訓練及び認定のため、十分な資源及び経路を提供すべくあらゆる努力を行うべきである。

58. 評価は迅速に、徹底して、慎重に実施すべきである。児童の当面の安全及び福祉、並びにより長期的な観点に立った児童の養護及び発達を考慮に入れるべきであり、児童の個人的な特性及び発育面の特性、民族的・文化

的・言語的・宗教的な背景、家族環境及び社会環境、病歴及び特別なニーズを網羅したものであるべきである。

59. 評価の結果作成された初期レポート及びレビューレポートは、とりわけ不当な中断及び矛盾した決定を防ぐため、所轄当局がそれらを受領した時点以降、計画決定のための不可欠なツールとして利用するべきである。

60. 養護環境の頻繁な変更は児童の発育及び愛着を形成する能力に悪影響を及ぼすため、避けるべきである。短期間の委託は、適切な永続的解決策を準備することを目的とすべきである。児童を核家族若しくは拡大家族に復帰させることにより、又はそれが不可能な場合には、児童を安定した代替的家族環境若しくは（上記第21項が適用される場合）安定した適切な居住養護下に置くことにより、児童にとっての永続性を不当な遅滞なく確保すべきである。

61. 養護提供及び永続性のための立案は、検討対象となった各選択肢の当面の、及び長期的な利点及び欠点を考慮に入れた上で、できる限り早い時期から、願わくば児童の養護が開始する前に実施すべきであり、短期計画及び長期計画から構成されるべきである。

62. 養護提供及び永続性のための立案は、分離を防止するために、とりわけ児童の家族に対する愛着の性格及び質、家族が児童の福祉及び調和のとれた発育を守り得る能力、家族の一員になることへの児童のニーズ又は願望、児童が元の地域及び国にとどまることが望ましいか否か、児童の文化的・言語的・宗教的な背景、並びに児童の兄弟姉妹との関係に基づいたものであるべきである。

63. 計画は、とりわけ委託の目標及びかかる目標を達成するための措置を明確に示すべきである。

64. 児童及びその親又は法定後見人は、利用可能な代替的養護の選択肢、各選択肢の持つ意味、及びこの問題における自分たちの権利義務について十分情報を与えられるべきである。

65. 児童のための保護措置の策定、実施及び評価は、児童の親又は法定後見人並びに養父母、養護を担い得る里親及び養育者たちが可能な限り参加した上で、児童の特定のニーズ、信条及び特別な希望を可能な限り尊重して、

実施するべきである。児童、親又は法定後見人の要求ある場合、所轄当局の判断により、児童の人生におけるその他の重要人物の意見を意思決定プロセスに反映させることもできる。

66. 各国は、正しく構成された裁判所、裁定機関、行政団体又はその他の所轄団体により代替的養護に委託された児童及びその親又は保護者の責任を持つその他の者が、委託の決定に関して裁判の前に意見を表明する機会を与えられ、かかる表明を行う権利について通知を受け、かかる表明を行う際に支援を受けられることを保障すべきである。

67. 各国は一時的な養護下に置かれた児童につき、その個人的な発育及びニーズの変化、家族環境の発展、並びにかかる状況における現在の委託の適切性及び必要性を特に考慮した上で、児童の養護及び処遇の適切性を定期的に（願わくば少なくとも3カ月毎に）徹底して審査ことにより、かかる児童の権利を保障すべきである。審査は正式な資格を有し認可を受けた者が行うべきであり、児童及びその児童の人生に関わる全ての者を十分に関与させるべきである。

68. 児童は、立案及び審査のプロセスから生じるあらゆる養護環境の変更に備えておくべきである。

Ⅶ．代替的養護の提供

Ｂ．児童に対する法的責任

1．公式の養護を担当する機関及び施設

105. 法律で、全ての機関・施設が社会福祉事業やその他の管轄権を有する当局に登録し、当該当局による運営許可を受けなければならないこと、また、かかる法を遵守しないと法による処罰を受けることを定めるべきである。所轄当局は、許可を与え、標準的な基準に基づいて定期的に審査を行うべきである。かかる基準は少なくとも、当該機関又は施設の目的、機能、職員の採用と資格、養護の条件、財源、経営を網羅したものとする。

106. 全ての機関・施設は、その目的を確実に果たせるようにするため、その目的、方針、方法、並びに資格を有する適切な養護提供者の採用・監視・監督・評価に適用される基準などに関する、明文化された方針と実施規定を本指針に沿って整備すべきである。

107. 全ての機関・施設は、特に専門家と養護提供者の役割を定義し、チームの構成員に関する不正行為の疑惑に関する報告手順を明記した職員行動規範を、本指針に沿って策定すべきである。

108. 経済的養護提供の形式は、機関又は施設の組織又は提供する養護環境に児童を不必要に委託し、又は長期に滞在させることを促すものであるべきではない。

109. 代替的養護サービスの実施について、養護下にある全ての児童、採用された職員、及び金銭取引に関する詳細なファイルを含む、最新の包括的な記録を保持すべきである。

110. 養護下にある児童に関する記録は、完全かつ最新のもので、機密として扱われ、安全に保護されているべきであり、児童の養護開始と終了に関する情報、児童の養護形態、養護措置の内容と詳細のほか、適切な本人確認書類及びその他の個人情報が含まれるべきである。児童の家族に関する情報は、児童のファイルだけでなく、定期的評価に基づく報告書にも含まれるべきである。この記録は、代替的養護の全期間を通して児童を追跡したものであり、児童の現在の養護の責任を負う、正式な認可を受けた専門家のみが閲覧できるべきである。

111. 上記の記録は、児童のプライバシーの権利及び秘密を守られる権利の範囲内で適宜、児童だけでなく、親や後見人も利用できる。記録の閲覧の前、途中及び後には、適切なカウンセリングが提供されるべきである。

112. あらゆる代替的養護サービスは、児童に関する情報の機密保持に関する明確な方針を定めるべきであり、全ての養護者がこの方針を認識し遵守するものとする。

113. 望ましい実践として、全ての機関及び施設は、養護者及び児童と直接接触するその他の職員の採用に先立ち、それらの者が児童を相手に働くための適性に関する適切かつ包括的な評価を必ず受けるよう、組織的に確保すべきである。

114. 機関及び施設に採用される養護者の労働条件（報酬を含む）は、意欲、仕事に対する満足感及び継続性を最大にし、それにより当該養護者に、自らの役割を最も適切かつ効果的な方法で実現しようという心構えを抱かせ

るものであるべきである。

115. 親の養護下にない児童の権利、及び児童の特有の傷つきやすさ、特に緊急委託又は通常の居住地以外の地域への委託など、困難な状態に置かれた児童の弱さに関する訓練を、全ての養護者に実施すべきである。文化、社会、性別及び宗教に対する感受性も確実に高めておくべきである。各国は本指針の実施を支援するため、これらの専門家が評価・表彰を受けるための十分な資源及び経路を提供すべきである。

116. 機関及び施設が採用した全ての養護職員に、紛争解決テクニック、並びに危害行為又は自傷行為を防止するための手段を含む、困難な言動に適切に対処するための訓練を提供すべきである。

117. 機関及び施設は必要に応じて、養護者が特別なニーズのある児童、特にHIV/AIDS又はその他の慢性の身体疾患若しくは精神疾患を抱えた児童、及び身体障害又は精神障害のある児童に対応できる体制を確保すべきである。

２．里親による養護

118. 所轄の当局又は機関は、児童のニーズを評価した上、評価したニーズを里親候補の能力及び資源とマッチさせるシステムを構築し、関係者全員が児童の委託に対応できるシステムを案出し、関係職員をそのように訓練すべきである。

119. 児童の家族、地域団体、文化的集団とのつながりを維持しつつ児童に養護と保護を提供できる公認の里親を各地に確保すべきである。

120. 里親向けの特別な準備、支援及びカウンセリングサービスを策定し、児童の養護期間中及び養護の前後に、養護者が定期的に利用できるようにすべきである。

121. 養護者は、里親組織及び親の養護下にない児童を支援するその他の制度の中で、自らの意見が聴かれ、方針に影響を及ぼす機会を持つべきである。

122. 重要な相互支援を提供し、実践と政策展開に貢献することができる、里親の団体の設立を奨励すべきである。

Ｃ．施設養護

123. 施設養護を提供する施設は、児童の権利とニーズが考慮された小規模

で、可能な限り家庭や少人数グループに近い環境にあるべきである。当該施設の目標は通常、一時的な養護を提供すること、及び児童の家庭への復帰に積極的に貢献することであり、これが不可能な場合は、必要に応じて例えば養子縁組又はイスラム法のカファーラなどを通じて、代替的な家族環境における安定した養護を確保することであるべきである。

124. 必要かつ適切な場合、単に保護と代替的養護を必要とするだけの児童を、刑事司法制度の対象となる児童とは別個に収容するための措置を取るべきである。

125. 国又は地方の所轄当局は、かかる施設へは適切な入所のみが認められるよう、厳格な選抜方法を設けるべきである。

126. 各国は施設養護において、児童一人一人に応じた養護が実施できるよう、また必要に応じて児童が特定の養護者に愛着を抱く機会を持てるよう、十分な人数の養護者が配置されることを保障するべきである。養護者はまた、養護環境の狙い及び目的を効果的に実施し児童の保護を確保できるような方法で、養護環境へ配置されるべきである。

127. 法、政策及び規則は、機関、施設又は個人が児童に対し、施設養護への委託の募集及び勧誘を行うことを禁止すべきである。

D．検査及び監視

128. 養護提供に携わる機関、施設及び専門家は特定の公的当局に対し説明責任を負うべきであり、かかる当局はとりわけ、職員及び児童との話し合い並びにこれらの者の観察を伴う、定期訪問及び抜き打ちの訪問の両方で構成される頻繁な検査を確実に実施すべきである。

129. 可能かつ適切な範囲内で、検査機能には養護提供者向けの訓練及び能力構築の要素を含めるべきである。

130. 各国は、人権の促進及び保護に関与する国家機関の地位に関する原則（パリ原則）に正当に配慮した上で、独立した監視機構を設けることを奨励されるべきである。かかる監視機構は児童、親及び親の養護に欠ける児童に対する責任を負う者が容易に利用できるようになっているべきである。監視機構の機能には以下を含むべきである。

（a） あらゆる形態の代替的養護を受けている児童との、プライバシーを

条件とした話し合い。児童の住む養護環境を訪れ、苦情を受けた場合、又は自らの発案において、かかる環境における児童の権利侵害の疑いを調査すること。

（ｂ）　親の養護を奪われた児童の処遇を改善することを目指して、適切な当局に政策提言を行い、かかる処遇が児童の保護、健康、発達及び養護に関する調査結果の優位性に沿ったものとなるよう確保すること。

（ｃ）　法案に関する提案及び観察結果を提出すること。

（ｄ）　児童の権利条約に基づく報告プロセスに独立の立場から貢献すること（児童の権利委員会に対する、本指針の実施に関する定期的な加盟国報告への貢献を含む）。

Ｅ．アフターケアに対する支援

131.　機関及び施設は、児童に関する業務のうち計画通りに終了したもの及び計画によらずして終了したものに関して、適切なアフターケア及び／又はフォローアップを確実に行うため、明確な方針を持ち、合意された手順を実施すべきである。養護の全期間を通じて、機関及び施設は組織的に、とりわけ社会的スキル及びライフスキルの獲得によって児童に自立心をつけさせ、地域社会への完全な統合へ向けての準備をさせるべきであるが、社会的スキル及びライフスキルは地域社会の生活への参加によって養われるものである。

132.　養護からアフターケアへの移行のプロセスは、児童の性別、年齢、成熟度及び個別の状況を考慮に入れ、とりわけ搾取を防止するためカウンセリング及び支援を含めるべきである。養護の終了を迎える児童は、養護後の生活の計画に参加するよう奨励されるべきである。障害などの特別なニーズを持つ児童は、とりわけ不必要な施設収容を回避できるよう、適切な支援システムの恩恵を受けるべきである。公共部門に対しても民間部門に対しても、インセンティブの供与を含む手段により、様々な養護サービスを受けていた児童（特に、特別なニーズを持つ児童）を雇用するよう奨励すべきである。

133.　可能な場合は必ず、養護の終了を迎える各々の児童に、その独立を支援する専門家を割り当てるよう特別に努力すべきである。

134. アフターケアは養護実施のできるだけ早い段階から準備すべきであり、いずれの場合も、児童が養護環境を去るより先に準備すべきである。

135. 養護の終了を迎える青年が経済的に自立し自ら収入を創出できるよう支援するため、かかる青年に対するライフスキル教育の一環として、継続的な教育及び職業トレーニングの機会が与えられるべきである。

136. 養護を離れる青年は、アフターケアの期間中も、社会的、法律及び保健サービス並びに適切な経済的支援が受けられるべきである。

3 児童福祉施設の設備及び運営に関する基準（抄）

$$\left[\begin{array}{l}\text{昭和23年12月29日}\\\text{厚生省令第63号}\end{array}\right]$$

最近改正 令和4年12月28日厚生省令第175号

第1章 総則

（最低基準の目的）

第2条 法第45条第1項の規定により都道府県が条例で定める基準（以下「最低基準」という。）は、都道府県知事の監督に属する児童福祉施設に入所している者が、明るくて、衛生的な環境において、素養があり、かつ、適切な訓練を受けた職員の指導により、心身ともに健やかにして、社会に適応するように育成されることを保障するものとする。

（最低基準の向上）

第3条 都道府県知事は、その管理に属する法第8条第2項に規定する都道府県児童福祉審議会（社会福祉法（昭和26年法律第45号）第12条第1項の規定により同法第7条第1項に規定する地方社会福祉審議会（以下この項において「地方社会福祉審議会」という。）に児童福祉に関する事項を調査審議させる都道府県にあつては、地方社会福祉審議会）の意見を聴き、その監督に属する児童福祉施設に対し、最低基準を超えて、その設備及び運営を向上させるように勧告することができる。

2 都道府県は、最低基準を常に向上させるように努めるものとする。

（最低基準と児童福祉施設）

第4条 児童福祉施設は、最低基準を超えて、常に、その設備及び運営を向上させなければならない。

2 最低基準を超えて、設備を有し、又は運営をしている児童福祉施設においては、最低基準を理由として、その設備又は運営を低下させてはならない。

（児童福祉施設の一般原則）

第5条 児童福祉施設は、入所している者の人権に十分配慮するとともに、一人一人の人格を尊重して、その運営を行わなければならない。

2 児童福祉施設は、地域社会との交流及び連携を図り、児童の保護者及び

地域社会に対し、当該児童福祉施設の運営の内容を適切に説明するよう努めなければならない。

3　児童福祉施設は、その運営の内容について、自ら評価を行い、その結果を公表するよう努めなければならない。

4　児童福祉施設には、法に定めるそれぞれの施設の目的を達成するために必要な設備を設けなければならない。

5　児童福祉施設の構造設備は、採光、換気等入所している者の保健衛生及びこれらの者に対する危害防止に十分な考慮を払つて設けられなければならない。

（児童福祉施設と非常災害）

第6条　児童福祉施設（障害児入所施設及び児童発達支援センター（次条、第9条の4及び第10条第3項において「障害児入所施設等」という。）を除く。第9条の3及び第10条第2項において同じ。）においては、軽便消火器等の消火用具、非常口その他非常災害に必要な設備を設けるとともに、非常災害に対する具体的計画を立て、これに対する不断の注意と訓練をするように努めなければならない。

2　前項の訓練のうち、避難及び消火に対する訓練は、少なくとも毎月一回は、これを行わなければならない。

（非常災害対策）

第6条の2　障害児入所施設等は、消火設備その他非常災害の際に必要な設備を設けるとともに、非常災害に対する具体的計画を立て、非常災害の発生時の関係機関への通報及び連絡体制を整備し、それらを定期的に職員に周知しなければならない。

2　障害児入所施設等は、非常災害に備えるため、避難及び消火に対する訓練にあつては毎月一回、救出その他必要な訓練にあつては定期的に行わなければならない。

3　障害児入所施設等は、前項に規定する訓練の実施に当たつて、地域住民の参加が得られるよう連携に努めなければならない。

（安全計画の策定等）

第6条の3　児童福祉施設（助産施設、児童遊園及び児童家庭支援センター

を除く。以下この条及び次条において同じ。）は、児童の安全の確保を図るため、当該児童福祉施設の設備の安全点検、職員、児童等に対する施設外での活動、取組等を含めた児童福祉施設での生活その他の日常生活における安全に関する指導、職員の研修及び訓練その他児童福祉施設における安全に関する事項についての計画（以下この条において「安全計画」という。）を策定し、当該安全計画に従い必要な措置を講じなければならない。

2　児童福祉施設は、職員に対し、安全計画について周知するとともに、前項の研修及び訓練を定期的に実施しなければならない。

3　保育所及び児童発達支援センターは、児童の安全の確保に関して保護者との連携が図られるよう、保護者に対し、安全計画に基づく取組の内容等について周知しなければならない。

4　児童福祉施設は、定期的に安全計画の見直しを行い、必要に応じて安全計画の変更を行うものとする。

（自動車を運行する場合の所在の確認）

第6条の4　児童福祉施設は、児童の施設外での活動、取組等のための移動その他の児童の移動のために自動車を運行するときは、児童の乗車及び降車の際に、点呼その他の児童の所在を確実に把握することができる方法により、児童の所在を確認しなければならない。

2　保育所及び児童発達支援センターは、児童の送迎を目的とした自動車（運転者席及びこれと並列の座席並びにこれらより一つ後方に備えられた前向きの座席以外の座席を有しないものその他利用の態様を勘案してこれと同程度に児童の見落としのおそれが少ないと認められるものを除く。）を日常的に運行するときは、当該自動車にブザーその他の車内の児童の見落としを防止する装置を備え、これを用いて前項に定める所在の確認（児童の降車の際に限る。）を行わなければならない。

（児童福祉施設における職員の一般的要件）

第7条　児童福祉施設に入所している者の保護に従事する職員は、健全な心身を有し、豊かな人間性と倫理観を備え、児童福祉事業に熱意のある者であつて、できる限り児童福祉事業の理論及び実際について訓練を受けた者でなければならない。

（児童福祉施設の職員の知識及び技能の向上等）

第7条の2　児童福祉施設の職員は、常に自己研さん鑽に励み、法に定める
それぞれの施設の目的を達成するために必要な知識及び技能の修得、維持
及び向上に努めなければならない。

2　児童福祉施設は、職員に対し、その資質の向上のための研修の機会を確
保しなければならない。

（他の社会福祉施設を併せて設置するときの設備及び職員の基準）

第8条　児童福祉施設は、他の社会福祉施設を併せて設置するときは、必要
に応じ当該児童福祉施設の設備及び職員の一部を併せて設置する社会福祉
施設の設備及び職員に兼ねることができる。

2　前項の規定は、入所している者の居室及び各施設に特有の設備並びに入
所している者の保護に直接従事する職員については、適用しない。ただし、
保育所の設備及び職員については、その行う保育に支障がない場合は、こ
の限りでない。

（入所した者を平等に取り扱う原則）

第9条　児童福祉施設においては、入所している者の国籍、信条、社会的身
分又は入所に要する費用を負担するか否かによつて、差別的取扱いをして
はならない。

（虐待等の禁止）

第9条の2　児童福祉施設の職員は、入所中の児童に対し、法第33条の10各
号に掲げる行為その他当該児童の心身に有害な影響を与える行為をしては
ならない。

（業務継続計画の策定等）

第9条の3　児童福祉施設は、感染症や非常災害の発生時において、利用者
に対する支援の提供を継続的に実施するための、及び非常時の体制で早期
の業務再開を図るための計画（以下この条において「業務継続計画」とい
う。）を策定し、当該業務継続計画に従い必要な措置を講ずるよう努めなけ
ればならない。

2　児童福祉施設は、職員に対し、業務継続計画について周知するとともに、
必要な研修及び訓練を定期的に実施するよう努めなければならない。

3 児童福祉施設は、定期的に業務継続計画の見直しを行い、必要に応じて業務継続計画の変更を行うよう努めるものとする。

第9条の4 障害児入所施設等は、感染症や非常災害の発生時において、利用者に対する障害児入所支援又は児童発達支援の提供を継続的に実施するための、及び非常時の体制で早期の業務再開を図るための計画（以下この条において「業務継続計画」という。）を策定し、当該業務継続計画に従い必要な措置を講じなければならない。

2 障害児入所施設等は、職員に対し、業務継続計画について周知するとともに、必要な研修及び訓練を定期的に実施しなければならない。

3 障害児入所施設等は、定期的に業務継続計画の見直しを行い、必要に応じて業務継続計画の変更を行うものとする。

（衛生管理等）

第10条 児童福祉施設に入所している者の使用する設備、食器等又は飲用に供する水については、衛生的な管理に努め、又は衛生上必要な措置を講じなければならない。

2 児童福祉施設は、当該児童福祉施設において感染症又は食中毒が発生し、又はまん延しないように、職員に対し、感染症及び食中毒の予防及びまん延の防止のための研修並びに感染症の予防及びまん延の防止のための訓練を定期的に実施するよう努めなければならない。

3 障害児入所施設等は、当該障害児入所施設等において感染症又は食中毒が発生し、又はまん延しないように、次の各号に掲げる措置を講じなければならない。

　一 当該障害児入所施設等における感染症及び食中毒の予防及びまん延の防止のための対策を検討する委員会（テレビ電話装置その他の情報通信機器を活用して行うことができるものとする。）を定期的に開催するとともに、その結果について、職員に周知徹底を図ること。

　二 当該障害児入所施設等における感染症及び食中毒の予防及びまん延の防止のための指針を整備すること。

　三 当該障害児入所施設等において、職員に対し、感染症及び食中毒の予防及びまん延の防止のための研修並びに感染症の予防及びまん延の防止

のための訓練を定期的に実施すること。

4　児童福祉施設（助産施設、保育所及び児童厚生施設を除く。）においては、入所している者の希望等を勘案し、清潔を維持することができるよう適切に、入所している者を入浴させ、又は清拭しなければならない。

5　児童福祉施設には、必要な医薬品その他の医療品を備えるとともに、それらの管理を適正に行わなければならない。

（食事）

第11条　児童福祉施設（助産施設を除く。以下この項において同じ。）において、入所している者に食事を提供するときは、当該児童福祉施設内で調理する方法（第8条の規定により、当該児童福祉施設の調理室を兼ねている他の社会福祉施設の調理室において調理する方法を含む。）により行わなければならない。

2　児童福祉施設において、入所している者に食事を提供するときは、その献立は、できる限り、変化に富み、入所している者の健全な発育に必要な栄養量を含有するものでなければならない。

3　食事は、前項の規定によるほか、食品の種類及び調理方法について栄養並びに入所している者の身体的状況及び嗜好を考慮したものでなければならない。

4　調理は、あらかじめ作成された献立に従つて行わなければならない。ただし、少数の児童を対象として家庭的な環境の下で調理するときは、この限りでない。

5　児童福祉施設は、児童の健康な生活の基本としての食を営む力の育成に努めなければならない。

（入所した者及び職員の健康診断）

第12条　児童福祉施設（児童厚生施設及び児童家庭支援センターを除く。第4項を除き、以下この条において同じ。）の長は、入所した者に対し、入所時の健康診断、少なくとも1年に2回の定期健康診断及び臨時の健康診断を、学校保健安全法（昭和33年法律第56号）に規定する健康診断に準じて行わなければならない。

2　児童福祉施設の長は、前項の規定にかかわらず、次の表の上欄に掲げる

健康診断が行われた場合であつて、当該健康診断がそれぞれ同表の下欄に掲げる健康診断の全部又は一部に相当すると認められるときは、同欄に掲げる健康診断の全部又は一部を行わないことができる。この場合において、児童福祉施設の長は、それぞれ同表の上欄に掲げる健康診断の結果を把握しなければならない。

| 児童相談所等における児童の入所前の健康診断 | 入所した児童に対する入所時の健康診断 |
| 児童が通学する学校における健康診断 | 定期の健康診断又は臨時の健康診断 |

3 第1項の健康診断をした医師は、その結果必要な事項を母子健康手帳又は入所した者の健康を記録する表に記入するとともに、必要に応じ入所の措置又は助産の実施、母子保護の実施若しくは保育の提供若しくは法第24条第5項若しくは第6項の規定による措置を解除又は停止する等必要な手続をとることを、児童福祉施設の長に勧告しなければならない。

4 児童福祉施設の職員の健康診断に当たつては、特に入所している者の食事を調理する者につき、綿密な注意を払わなければならない。

（給付金として支払を受けた金銭の管理）

第12条の2 乳児院、児童養護施設、障害児入所施設、児童心理治療施設及び児童自立支援施設は、当該施設の設置者が入所中の児童に係る厚生労働大臣が定める給付金（以下この条において「給付金」という。）の支給を受けたときは、給付金として支払を受けた金銭を次に掲げるところにより管理しなければならない。

一 当該児童に係る当該金銭及びこれに準ずるもの（これらの運用により生じた収益を含む。以下この条において「児童に係る金銭」という。）をその他の財産と区分すること。

二 児童に係る金銭を給付金の支給の趣旨に従つて用いること。

三 児童に係る金銭の収支の状況を明らかにする帳簿を整備すること。

四 当該児童が退所した場合には、速やかに、児童に係る金銭を当該児童に取得させること。

（児童福祉施設内部の規程）

第13条　児童福祉施設（保育所を除く。）においては、次に掲げる事項のうち必要な事項につき規程を設けなければならない。

一　入所する者の援助に関する事項

二　その他施設の管理についての重要事項

2　保育所は、次の各号に掲げる施設の運営についての重要事項に関する規程を定めておかなければならない。

一　施設の目的及び運営の方針

二　提供する保育の内容

三　職員の職種、員数及び職務の内容

四　保育の提供を行う日及び時間並びに提供を行わない日

五　保護者から受領する費用の種類、支払を求める理由及びその額

六　乳児、満3歳に満たない幼児及び満3歳以上の幼児の区分ごとの利用定員

七　保育所の利用の開始、終了に関する事項及び利用に当たっての留意事項

八　緊急時等における対応方法

九　非常災害対策

十　虐待の防止のための措置に関する事項

十一　保育所の運営に関する重要事項

（児童福祉施設に備える帳簿）

第14条　児童福祉施設には、職員、財産、収支及び入所している者の処遇の状況を明らかにする帳簿を整備しておかなければならない。

（秘密保持等）

第14条の2　児童福祉施設の職員は、正当な理由がなく、その業務上知り得た利用者又はその家族の秘密を漏らしてはならない。

2　児童福祉施設は、職員であつた者が、正当な理由がなく、その業務上知り得た利用者又はその家族の秘密を漏らすことがないよう、必要な措置を講じなければならない。

（苦情への対応）

第14条の3 児童福祉施設は、その行つた援助に関する入所している者又は
その保護者等からの苦情に迅速かつ適切に対応するために、苦情を受け付
けるための窓口を設置する等の必要な措置を講じなければならない。

2 乳児院、児童養護施設、障害児入所施設、児童発達支援センター、児童
心理治療施設及び児童自立支援施設は、前項の必要な措置として、苦情の
公正な解決を図るために、苦情の解決に当たつて当該児童福祉施設の職員
以外の者を関与させなければならない。

3 児童福祉施設は、その行つた援助に関し、当該措置又は助産の実施、母
子保護の実施若しくは保育の提供若しくは法第24条第5項若しくは第6項
の規定による措置に係る都道府県又は市町村から指導又は助言を受けた場
合は、当該指導又は助言に従つて必要な改善を行わなければならない。

4 児童福祉施設は、社会福祉法第83条に規定する運営適正化委員会が行う
同法第85条第1項の規定による調査にできる限り協力しなければならない。

（大都市等の特例）

第14条の4 地方自治法（昭和22年法律第67号）第252条の19第1項の指
定都市（以下「指定都市」という。）にあつては、第1条第1項「都道府
県」とあるのは「指定都市」と、同条第2項中「都道府県知事」とあるの
は「指定都市の市長」と、第2条中「都道府県が」とあるのは「指定都市
が」と、「都道府県知事」とあるのは「指定都市の市長」と、第3条第1項
中「都道府県知事」とあるのは「指定都市の市長」と、「都道府県に」とあ
るのは「指定都市に」と、同条第2項中「都道府県」とあるのは「指定都
市」と読み替えるものとする。

2 地方自治法第252条の22第1項の中核市（以下「中核市」という。）に
あつては、第1条第1項中「都道府県」とあるのは「都道府県（助産施設、
母子生活支援施設又は保育所（以下「特定児童福祉施設」という。）につい
ては、中核市）」と、同条第2項中「都道府県知事」とあるのは「都道府県
知事（特定児童福祉施設については、中核市の市長）」と、第2条中「都道
府県が」とあるのは「都道府県（特定児童福祉施設については、中核市）
が」と、「都道府県知事」とあるのは「都道府県知事（特定児童福祉施設に

ついては、中核市の市長）」と、第３条第１項中「都道府県知事」とあるの
は「都道府県知事（特定児童福祉施設については、中核市の市長）」と、「都
道府県に」とあるのは「都道府県（特定児童福祉施設については、中核市）
に」と、同条第２項中「都道府県」とあるのは「都道府県（特定児童福祉
施設については、中核市）」と読み替えるものとする。

3　法第59条の４第１項の児童相談所設置市（以下「児童相談所設置市」と
いう。）にあつては、第１条第１項中「都道府県」とあるのは「児童相談所
設置市」と、同条第２項中「都道府県知事」とあるのは「児童相談所設置
市の市長」と、第２条中「都道府県が」とあるのは「児童相談所設置市が」
と、「都道府県知事」とあるのは「児童相談所設置市の市長」と、第３条第
１項中「都道府県知事」とあるのは「児童相談所設置市の市長」と、「法第
８条第２項に規定する都道府県児童福祉審議会（社会福祉法（昭和26年法
律第45号）第12条第１項の規定により同法第７条第１項に規定する地方社
会福祉審議会（以下この項において「地方社会福祉審議会」という。）に児
童福祉に関する事務を調査審議させる都道府県にあつては、地方社会福祉
審議会）」とあるのは「法第８条第３項に規定する児童福祉に関する審議会
その他の合議制の機関」と、同条第２項中「都道府県」とあるのは「児童
相談所設置市」と読み替えるものとする。

第７章　児童養護施設

（設備の基準）

第41条　児童養護施設の設備の基準は、次のとおりとする。

一　児童の居室、相談室、調理室、浴室及び便所を設けること。

二　児童の居室の一室の定員は、これを４人以下とし、その面積は、１人
　　につき4.95平方メートル以上とすること。ただし、乳幼児のみの居室の
　　一室の定員は、これを６人以下とし、その面積は、１人につき3.3平方メ
　　ートル以上とする。

三　入所している児童の年齢等に応じ、男子と女子の居室を別にすること。

四　便所は、男子用と女子用とを別にすること。ただし、少数の児童を対
　　象として設けるときは、この限りでない。

五　児童30人以上を入所させる児童養護施設には、医務室及び静養室を設

けること。

六　入所している児童の年齢、適性等に応じ職業指導に必要な設備（以下「職業指導に必要な設備」という。）を設けること。

（職員）

第42条　児童養護施設には、児童指導員、嘱託医、保育士（特区法第12条の５第５項に規定する事業実施区域内にある児童養護施設にあつては、保育士又は当該事業実施区域に係る国家戦略特別区域限定保育士。第６項及び第46条において同じ。）、個別対応職員、家庭支援専門相談員、栄養士及び調理員並びに乳児が入所している施設にあつては看護師を置かなければならない。ただし、児童40人以下を入所させる施設にあつては栄養士を、調理業務の全部を委託する施設にあつては調理員を置かないことができる。

2　家庭支援専門相談員は、社会福祉士若しくは精神保健福祉士の資格を有する者、児童養護施設において児童の指導に５年以上従事した者又は法第13条第３項各号のいずれかに該当する者でなければならない。

3　心理療法を行う必要があると認められる児童10人以上に心理療法を行う場合には、心理療法担当職員を置かなければならない。

4　心理療法担当職員は、学校教育法の規定による大学（短期大学を除く。）若しくは大学院において、心理学を専修する学科、研究科若しくはこれに相当する課程を修めて卒業した者であつて、個人及び集団心理療法の技術を有するもの又はこれと同等以上の能力を有すると認められる者でなければならない。

5　実習設備を設けて職業指導を行う場合には、職業指導員を置かなければならない。

6　児童指導員及び保育士の総数は、通じて、満２歳に満たない幼児おおむね1.6人につき１人以上、満２歳以上満３歳に満たない幼児おおむね２人につき１人以上、満３歳以上の幼児おおむね４人につき１人以上、少年おおむね5.5人につき１人以上とする。ただし、児童45人以下を入所させる施設にあつては、更に１人以上を加えるものとする。

7　看護師の数は、乳児おおむね1.6人につき１人以上とする。ただし、１人を下ることはできない。

（児童養護施設の長の資格等）

第42条の2　児童養護施設の長は、次の各号のいずれかに該当し、かつ、厚生労働大臣が指定する者が行う児童養護施設の運営に関し必要な知識を習得させるための研修を受けた者であつて、人格が高潔で識見が高く、児童養護施設を適切に運営する能力を有するものでなければならない。

一　医師であつて、精神保健又は小児保健に関して学識経験を有する者

二　社会福祉士の資格を有する者

三　児童養護施設の職員として3年以上勤務した者

四　都道府県知事が前各号に掲げる者と同等以上の能力を有すると認める者であつて、次に掲げる期間の合計が3年以上であるもの又は厚生労働大臣が指定する講習会の課程を修了したもの

　　イ　児童福祉司となる資格を有する者にあつては、相談援助業務（国、都道府県又は市町村の内部組織における相談援助業務を含む。）に従事した期間

　　ロ　社会福祉主事となる資格を有する者にあつては、相談援助業務に従事した期間

　　ハ　社会福祉施設の職員として勤務した期間（イ又はロに掲げる期間に該当する期間を除く。）

2　児童養護施設の長は、2年に1回以上、その資質の向上のための厚生労働大臣が指定する者が行う研修を受けなければならない。ただし、やむを得ない理由があるときは、この限りでない。

（児童指導員の資格）

第43条　児童指導員は、次の各号のいずれかに該当する者でなければならない。

一　都道府県知事の指定する児童福祉施設の職員を養成する学校その他の養成施設を卒業した者

二　社会福祉士の資格を有する者

三　精神保健福祉士の資格を有する者

四　学校教育法の規定による大学（短期大学を除く。次号において同じ。）において、社会福祉学、心理学、教育学若しくは社会学を専修する学科

又はこれらに相当する課程を修めて卒業した者

五　学校教育法の規定による大学において、社会福祉学、心理学、教育学又は社会学に関する科目の単位を優秀な成績で修得したことにより、同法第102条第2項の規定により大学院への入学を認められた者

六　学校教育法の規定による大学院において、社会福祉学、心理学、教育学若しくは社会学を専攻する研究科又はこれらに相当する課程を修めて卒業した者

七　外国の大学において、社会福祉学、心理学、教育学若しくは社会学を専修する学科又はこれらに相当する課程を修めて卒業した者

八　学校教育法の規定による高等学校若しくは中等教育学校を卒業した者、同法第90条第2項の規定により大学への入学を認められた者若しくは通常の課程による12年の学校教育を修了した者（通常の課程以外の課程によりこれに相当する学校教育を修了した者を含む。）又は文部科学大臣がこれと同等以上の資格を有すると認定した者であつて、2年以上児童福祉事業に従事したもの

九　教育職員免許法に規定する幼稚園、小学校、中学校、義務教育学校、高等学校又は中等教育学校の教諭の免許状を有する者であつて、都道府県知事が適当と認めたもの

十　3年以上児童福祉事業に従事した者であつて、都道府県知事が適当と認めたもの

2　前項第1号の指定は、児童福祉法施行規則（昭和23年厚生省令第11号）別表に定める教育内容に適合する学校又は施設について行うものとする。

（養護）

第44条　児童養護施設における養護は、児童に対して安定した生活環境を整えるとともに、生活指導、学習指導、職業指導及び家庭環境の調整を行いつつ児童を養育することにより、児童の心身の健やかな成長とその自立を支援することを目的として行わなければならない。

（生活指導、学習指導、職業指導及び家庭環境の調整）

第45条　児童養護施設における生活指導は、児童の自主性を尊重しつつ、基本的生活習慣を確立するとともに豊かな人間性及び社会性を養い、かつ、

将来自立した生活を営むために必要な知識及び経験を得ることができるように行わなければならない。

2 児童養護施設における学習指導は、児童がその適性、能力等に応じた学習を行うことができるよう、適切な相談、助言、情報の提供等の支援により行わなければならない。

3 児童養護施設における職業指導は、勤労の基礎的な能力及び態度を育てるとともに、児童がその適性、能力等に応じた職業選択を行うことができるよう、適切な相談、助言、情報の提供等及び必要に応じ行う実習、講習等の支援により行わなければならない。

4 児童養護施設における家庭環境の調整は、児童の家庭の状況に応じ、親子関係の再構築等が図られるように行わなければならない。

（自立支援計画の策定）

第45条の2 児童養護施設の長は、第44条の目的を達成するため、入所中の個々の児童について、児童やその家庭の状況等を勘案して、その自立を支援するための計画を策定しなければならない。

（業務の質の評価等）

第45条の3 児童養護施設は、自らその行う法第41条に規定する業務の質の評価を行うとともに、定期的に外部の者による評価を受けて、それらの結果を公表し、常にその改善を図らなければならない。

（児童と起居を共にする職員）

第46条 児童養護施設の長は、児童指導員及び保育士のうち少なくとも一人を児童と起居を共にさせなければならない。

（関係機関との連携）

第47条 児童養護施設の長は、児童の通学する学校及び児童相談所並びに必要に応じ児童家庭支援センター、児童委員、公共職業安定所等関係機関と密接に連携して児童の指導及び家庭環境の調整に当たらなければならない。

4 児童養護施設運営指針（抄）

〔平成24年３月29日
厚生労働省雇用均等・児童家庭局長通知〕

第Ⅰ部　総論

１．目的

- この「運営指針」は、児童養護施設における養育・支援の内容と運営に関する指針を定めるものである。社会的養護を担う児童養護施設における運営の理念や方法、手順などを社会に開示し、質の確保と向上に資するとともに、また、説明責任を果たすことにもつながるものである。

- この指針は、そこで暮らし、そこから巣立っていく子どもたちにとって、よりよく生きること（well-being）を保障するものでなければならない。また社会的養護には、社会や国民の理解と支援が不可欠であるため、児童養護施設を社会に開かれたものとし、地域や社会との連携を深めていく努力が必要である。さらに、そこで暮らす子どもたちに一人一人の発達を保障する取組を創出していくとともに、児童養護施設が持っている支援機能を地域へ還元していく展開が求められる。

- 家庭や地域における養育機能の低下が指摘されている今日、社会的養護のあり方には、養育のモデルを示せるような水準が求められている。子どもは子どもとして人格が尊重され、子ども期をより良く生きることが大切であり、また、子ども期における精神的・情緒的な安定と豊かな生活体験は、発達の基礎となると同時に、その後の成人期の人生に向けた準備でもある。

- この指針は、こうした考え方に立って、社会的養護の様々な担い手との連携の下で、社会的養護を必要とする子どもたちへの適切な支援を実現していくことを目的とする。

２．社会的養護の基本理念と原理

（１）社会的養護の基本理念

①子どもの最善の利益のために

- 児童福祉法第１条で「すべて児童は、ひとしくその生活を保障され、愛護されなければならない。」と規定され、児童憲章では「児童は、人として尊

ばれる。児童は、社会の一員として重んぜられる。児童は、良い環境の中で育てられる。」とうたわれている。

・児童の権利に関する条約第3条では、「児童に関するすべての措置をとるに当たっては、児童の最善の利益が主として考慮されるものとする。」と規定されている。

・社会的養護は、子どもの権利擁護を図るための仕組みであり、「子どもの最善の利益のために」をその基本理念とする。

②すべての子どもを社会全体で育む

・社会的養護は、保護者の適切な養育を受けられない子どもを、公的責任で社会的に保護・養育するとともに、養育に困難を抱える家庭への支援を行うものである。

・子どもの健やかな育成は、児童福祉法第1条及び第2条に定められているとおり、すべての国民の努めであるとともに、国及び地方公共団体の責任であり、一人一人の国民と社会の理解と支援により行うものである。

・児童の権利に関する条約第20条では、「家庭環境を奪われた児童又は児童自身の最善の利益にかんがみその家庭環境にとどまることが認められない児童は、国が与える特別の保護及び援助を受ける権利を有する。」と規定されており、児童は権利の主体として、社会的養護を受ける権利を有する。

・社会的養護は、「すべての子どもを社会全体で育む」をその基本理念とする。

（2）社会的養護の原理

社会的養護は、これを必要とする子どもと家庭を支援して、子どもを健やかに育成するため、上記の基本理念の下、次のような考え方で支援を行う。

①家庭的養護と個別化

・すべての子どもは、適切な養育環境で、安心して自分をゆだねられる養育者によって、一人一人の個別的な状況が十分に考慮されながら、養育されるべきである。

・一人一人の子どもが愛され大切にされていると感じることができ、子どもの育ちが守られ、将来に希望が持てる生活の保障が必要である。

・社会的養護を必要とする子どもたちに「あたりまえの生活」を保障していくことが重要であり、社会的養護を地域から切り離していったり、子ども

の生活の場を大規模な施設養護としてしまうのではなく、できるだけ家庭あるいは家庭的な環境で養育する「家庭的養護」と、個々の子どもの育みを丁寧にきめ細かく進めていく「個別化」が必要である。

②発達の保障と自立支援

・子ども期のすべては、その年齢に応じた発達の課題を持ち、その後の成人期の人生に向けた準備の期間でもある。社会的養護は、未来の人生を作り出す基礎となるよう、子ども期の健全な心身の発達の保障を目指して行われる。

・特に、人生の基礎となる乳幼児期では、愛着関係や基本的な信頼関係の形成が重要である。子どもは、愛着関係や基本的な信頼関係を基盤にして、自分や他者の存在を受け入れていくことができるようになる。自立に向けた生きる力の獲得も、健やかな身体的、精神的及び社会的発達も、こうした基盤があって可能となる。

・子どもの自立や自己実現を目指して、子どもの主体的な活動を大切にするとともに、様々な生活体験などを通して、自立した社会生活に必要な基礎的な力を形成していくことが必要である。

③回復をめざした支援

・社会的養護を必要とする子どもには、その子どもに応じた成長や発達を支える支援だけでなく、虐待体験や分離体験などによる悪影響からの癒しや回復をめざした専門的ケアや心理的ケアなどの治療的な支援も必要となる。

・また、近年増加している被虐待児童や不適切な養育環境で過ごしてきた子どもたちは、虐待体験だけでなく、家族や親族、友達、近所の住人、保育士や教師など地域で慣れ親しんだ人々との分離なども経験しており、心の傷や深刻な生きづらさを抱えている。さらに、情緒や行動、自己認知・対人認知などでも深刻なダメージを受けていることも少なくない。

・こうした子どもたちが、安心感を持てる場所で、大切にされる体験を積み重ね、信頼関係や自己肯定感（自尊心）を取り戻していけるようにしていくことが必要である。

④家族との連携・協働

・保護者の不在、養育困難、さらには不適切な養育や虐待など、「安心して自

分をゆだねられる保護者」がいない子どもたちがいる。また子どもを適切に養育することができず、悩みを抱えている親がいる。さらに配偶者等による暴力（DV）などによって「適切な養育環境」を保てず、困難な状況におかれている親子がいる。

・社会的養護は、こうした子どもや親の問題状況の解決や緩和をめざして、それに的確に対応するため、親と共に、親を支えながら、あるいは親に代わって、子どもの発達や養育を保障していく包括的な取り組みである。

⑤継続的支援と連携アプローチ

・社会的養護は、その始まりからアフターケアまでの継続した支援と、できる限り特定の養育者による一貫性のある養育が望まれる。

・児童相談所等の行政機関、各種の施設、里親等の様々な社会的養護の担い手が、それぞれの専門性を発揮しながら、巧みに連携し合って、一人一人の子どもの社会的自立や親子の支援を目指していく社会的養護の連携アプローチが求められる。

・社会的養護の担い手は、同時に複数で連携して支援に取り組んだり、支援を引き継いだり、あるいは元の支援主体が後々までかかわりを持つなど、それぞれの機能を有効に補い合い、重層的な連携を強化することによって、支援の一貫性・継続性・連続性というトータルなプロセスを確保していくことが求められる。

・社会的養護における養育は、「人とのかかわりをもとにした営み」である。子どもが歩んできた過去と現在、そして将来をより良くつなぐために、一人一人の子どもに用意される社会的養護の過程は、「つながりのある道すじ」として子ども自身にも理解されるようなものであることが必要である。

⑥ライフサイクルを見通した支援

・社会的養護の下で育った子どもたちが社会に出てからの暮らしを見通した支援を行うとともに、入所や委託を終えた後も長くかかわりを持ち続け、帰属意識を持つことができる存在になっていくことが重要である。

・社会的養護には、育てられる側であった子どもが親となり、今度は子どもを育てる側になっていくという世代を繋いで繰り返されていく子育てのサイクルへの支援が求められる。

・虐待や貧困の世代間連鎖を断ち切っていけるような支援が求められている。

（３）社会的養護の基盤づくり

・社会的養護は、かつては親のない、親に育てられない子どもを中心とした施策であったが、現在では、虐待を受けた子ども、何らかの障害のある子ども、DV被害の母子などが増え、その役割・機能の変化に、ハード・ソフトの変革が遅れている。

・社会的養護は、大規模な施設養護を中心とした形態から、一人一人の子どもをきめ細かく育み、親子を総合的に支援していけるような社会的な資源として、ハード・ソフトともに変革していかなければならない。

・社会的養護は、家庭的養護を推進していくため、原則として、地域の中で養育者の家庭に子どもを迎え入れて養育を行う里親やファミリーホームを優先するとともに、児童養護施設、乳児院等の施設養護も、できる限り小規模で家庭的な養育環境（小規模グループケア、グループホーム）の形態に変えていくことが必要である。

・また、家庭的養護の推進は、養育の形態の変革とともに、養育の内容も刷新していくことが重要である。

・施設は、社会的養護の地域の拠点として、施設から家庭に戻った子どもへの継続的なフォロー、里親支援、社会的養護の下で育った人への自立支援やアフターケア、地域の子育て家庭への支援など、専門的な地域支援の機能を強化し、総合的なソーシャルワーク機能を充実していくことが求められる。

・ソーシャルワークとケアワークを適切に組み合わせ、家庭を総合的に支援する仕組みづくりが必要である。

・社会的養護の役割はますます大きくなっており、これを担う人材の育成・確保が重要な課題となっている。社会的養護を担う機関や組織においては、その取り組みの強化と運営能力の向上が求められている。

３．児童養護施設の役割と理念

・児童養護施設は、児童福祉法第41条の規定に基づき、保護者のない児童、虐待されている児童その他環境上養護を要する児童を入所させて、これを養護し、あわせて退所した者に対する相談その他の自立のための援助を行

うことを目的とする施設である。

・また、第48条の２の規定に基づき、地域の住民に対して、児童の養育に関する相談に応じ、助言を行うよう努める役割も持つ。

・児童養護施設における養護は、児童に対して安定した生活環境を整えるとともに、生活指導、学習指導、職業指導及び家庭環境の調整を行いつつ児童を養育することにより、児童の心身の健やかな成長とその自立を支援することを目的として行う。

・生活指導は、児童の自主性を尊重しつつ、基本的生活習慣を確立するとともに豊かな人間性及び社会性を養い、かつ、将来自立した生活を営むために必要な知識及び経験を得ることができるように行う。

・学習指導は、児童がその適性、能力等に応じた学習を行うことができるよう、適切な相談、助言、情報の提供等の支援により行う。

・職業指導は、勤労の基礎的な能力及び態度を育てるとともに、児童がその適性、能力等に応じた職業選択を行うことができるよう、適切な相談、助言、情報の提供等及び必要に応じ行う実習、講習等の支援により行う。

・家庭環境の調整は、児童の家庭の状況に応じ、親子関係の再構築等が図られるように行う。

４．対象児童

（１）子どもの特徴と背景

①複雑な背景

・児童養護施設における入所理由は、父母の死別又は生死不明の児童、父母から遺棄された児童など保護者のない子どもは一部に過ぎず、半数以上は保護者から虐待を受けたために保護された子どもであり、次に、親の疾患、離婚等により親の養育が受けられない子どもも多い。

・また、子どもの入所理由の背景は単純ではなく、複雑・重層化している。ひとつの虐待の背景をみても、経済的困難、両親の不仲、精神疾患、養育能力の欠如など多くの要因が絡み合っている。そのため、入所に至った直接の要因が改善されても、別の課題が明らかになることも多い。

・こうしたことを踏まえ、子どもの背景を十分に把握した上で、必要な心のケアも含めて養育を行っていくとともに、家庭環境の調整も丁寧に行う必

要がある。

②障害を有する子ども

・虐待は閉ざされた養育空間の中で、子育てに行き詰ったときに発生することが多く、発達上に問題を抱える子どもであれば、そのリスクはさらに高まることが指摘されている。

・障害を有する子どもについては、その高い養護性にかんがみて、障害への対応も含めて最大限の支援を行うことが必要である。その場合、医療や他の福祉サービスの利用など関連機関との連携が欠かせない。

（2）子どもの年齢等

①年齢要件と柔軟な対応

・児童養護施設は、乳児を除く18歳に至るまでの子どもを対象としてきたが、特に必要がある場合は乳児から対象にできる。

・また、20歳に達するまで措置延長ができることから、子どもの最善の利益や発達状況をかんがみて、必要がある場合は18歳を超えても対応していくことが望ましい。

・義務教育終了後、進学せず、又は高校中退で就労する者であっても、その高い養護性を考慮して、でき得る限り入所を継続していくことが必要である。

②高齢児への対応

・入所時の年齢が高くなるほど、その養護性の問題は見逃されがちだが、親からの虐待を自ら訴える子どもの存在、高校進学したくても行けなかった子どもの存在など、年齢は高くなっていても児童養護施設の養育を必要としている子どもたちへの対応が求められている。

③再措置への対応

・児童養護施設は、対象となる子どもの背景が多岐にわたっているとともに、子どもの年齢も幅広く、社会的養護を担う施設のなかでは中核的存在となっている。

・児童養護施設から里親、情緒障害児短期治療施設や児童自立支援施設などへの措置変更に際しては、そうした子どもが再び児童養護施設での養育が必要と判断された場合、養育の連続性の意味からも入所していた施設に再措置されることが望ましい。家庭復帰した場合も同様である。

・また、18歳に達する前に施設を退所し自立した子どもについては、まだ高い養護性を有したままであることを踏まえ、十分なアフターケアとともに、必要な場合には再入所の措置がとられることが望ましい。

5．養育のあり方の基本

（1）関係性の回復をめざして

・子どもにとって、大人は「共に居る」時間の長短よりも「共に住まう」存在であることが大切である。子どもは、「共に住まう」大人（「起居を共にする職員」）との関係性の心地よさを求めつつ自らを創っていく。

・社会的養護は、従来の「家庭代替」の機能から、家族機能の支援・補完・再生を重層的に果たすさらなる家庭支援（ファミリーソーシャルワーク）に向けた転換が求められている。親子間の関係調整、回復支援の過程は、施設と親とが協働することによって果たされる。

・児童養護施設では、多かれ少なかれ複数の子どもが生活空間を共有している。子どもと大人の関係だけでなく、子ども同士の関係にも十分に配慮したい。虐待体験や分離体験を経た子どもには、子ども同士の関係の中に力に基づく関係がみられたり、対人関係そのものを避ける傾向がみられたりする。

・児童養護施設の職員は、様々な工夫を凝らして、子ども同士の関係にも適切に働きかけなければならない。子どもは、ぶつかり合い、助け合い、協力し合うといった体験を通して、他者を信頼する気持ちが芽生え、社会性や協調性を身につけていくのである。

（2）養育のいとなみ

・社会的養護は〈養育のいとなみ〉である。子どもたちとともにする日々の生活の中から紡ぎ出されてくる、子どもたちの求めているもの、さらには子どもたちが容易には言葉にしえない思いをもくみ取ろうとするようないとなみが求められている。子どもにとっての「切実さ」「必要不可欠なもの」に気づいていくことが大切である。

・社会的養護のもとで養育される子どもにとって、その子にまつわる事実は、その多くが重く、困難を伴うものである。しかし、子どもが未来に向かって歩んでいくためには、自身の過去を受け入れ、自己の物語を形成するこ

とが極めて重要な課題である。

- 子どもが自分の生を受けとめるためには、あるがままの自分を受け入れてもらえる大人との出会いが必要である。「依存」と「自立」はそうした大人との出会いによって導き出され、成長を促される。

- 社会的養護には、画一化されたプログラムの日常ではなく、子どもたち個々の興味や関心を受けとめる環境が求められる。そこでは子どもの個性や能力が引き出され、子どもが本来持っている成長力や回復力が促進される。

- 子どもたちが将来に希望をもって、様々な体験を積み増しながら、夢をふくらませていくことは大切なことである。生活は、子どもにとって育ち（発達）の根幹となるものである。やがては子ども時代の生活を通して会得したこと、学習したことを意識的、無意識的な記憶の痕跡として再現していくことになる。

（3）養育を担う人の原則

- 養育とは、子どもが自分の存在について「生まれてきてよかった」と意識的・無意識的に思い、自信を持てるようになることを基本の目的とする。そのためには安心して自分を委ねられる大人の存在が必要となる。

- 子どもの潜在可能性は、開かれた大人の存在によって引き出される。子どもの可能性に期待をいだきつつ寄り添う大人の存在は、これから大人に向かう子どもにとってのモデルとなる。

- ケアのはじまりは、家庭崩壊や親からの虐待に遭遇した子どもたちの背負わされた悲しみ、苦痛に、どれだけ思いを馳せることができるかにある。子どもの親や家族への理解はケアの「引き継ぎ」や「連続性」にとって不可避的課題である。

- 子どもたちを大切にしている大人の姿や、そこで育まれ、健やかに育っている子どもの姿に触れることで、親の変化も期待される。親のこころの中に、子どもの変化を通して「愛」の循環が生まれるように支えていくことも大切である。

- 養育者は、子どもたちに誠実にかかわりコミュニケーションを持てない心情や理屈では割り切れない情動に寄り添い、時間をかけ、心ひらくまで待つこと、かかわっていくことを大切にする必要がある。分からないことは

無理に分かろうと理論にあてはめて納得してしまうよりも、分からなさを大切にし、見つめ、かかわり、考え、思いやり、調べ、研究していくことで分かる部分を増やしていくようにする。その姿勢を持ち続けることが、気づきへの感性を磨くことになる。

・子どもの養育を担う専門性は、養育の場で生きた過程を通して培われ続けなければならない。経験によって得られた知識と技能は、現実の養育の場面と過程のなかで絶えず見直しを迫られることになるからである。養育には、子どもの生活をトータルにとらえ、日常生活に根ざした平凡な養育のいとなみの質を追求する姿勢が求められる。

（4）家族と退所者への支援

①家庭支援

・被措置児童の家庭は、地域や親族からも孤立していることが多く、行政サービスとしての子育て支援が届きにくい。こうした家庭に対して施設は、その養育機能を代替することはもちろんのこと、養育機能を補完するとともに子育てのパートナーとしての役割を果たしていくことが求められている。その意味では、児童養護施設は、子どもの最善の利益を念頭に、その家庭も支援の対象としなければならない。その場合、地域の社会資源の利用や関係者との協働が不可欠である。

②退所した者への支援

・児童養護施設は、退所した者に対する相談その他の自立のための援助も目的としていることから、その施設を退所した者は支援の対象となる。家庭復帰にしても進学・就職にしても、退所後の生活環境は施設と比べて安定したものではなく、自立のための援助を適切に行うためにも、退所した者の生活状況について把握しておく必要がある。

６．児童養護施設の将来像

（1）施設の小規模化と施設機能の地域分散化

・今日、社会的養護を必要とする子どもたちは、ますます大きな生きづらさや困難さを抱えて、児童養護施設へ入所している。児童養護施設は、こうした子どもたちの心身の健やかな成長と、子どもたちの生きづらさからの克服を支え続けていくことが求められる。

- 児童養護施設には、配慮された生活の継続性が重要である。配慮のなされた生活体験は、将来に向かって子どもの人生に豊かさを育んでいく。日常の生活では特定の養育者が個別的な関係を持つとともに、生活感と温かみを実感できる居場所が必要である。社会的養護における生活は、その環境が子ども・大人相互の信頼に足るものであることが大切である。
- 児童養護施設の将来像は、平成23年7月の社会保障審議会児童部会社会的養護専門委員会によるとりまとめ「社会的養護の課題と将来像」のように、本体施設のすべてを小規模グループケアにしていくとともに、本体施設の定員を少なくし、地域のグループホームに移していく方向に進むべきである。
- また、家庭養護を優先する社会的養護の原則の下、児童養護施設は、家庭養護の担い手である里親やファミリーホームを支援していく。
- 小規模化と地域分散化の取り組みを進めていくためには、一人一人の職員に、養育のあり方についての理解や力量の向上が求められ、また、職員を孤立化させない組織運営力の向上やスーパーバイズの体制が必要となることから、中長期的計画を立てて、地域の中で養育の機能を果たす児童養護施設への転換を目指していく。

（2）施設機能の高度化と地域支援

- 児童養護施設は、施設機能の地域分散化を図りながら、本体施設は、地域のセンター施設として、その機能を高度化させていく。
- 児童養護施設では、虐待を受けたことや発達障害などのために専門的なケアを必要としている子どもの養育を行うことから、その専門性を高めていく。
- また、早期の家庭復帰を実現するための親子関係の再構築の支援、虐待防止のための親支援、地域の里親等への支援、ショートステイなどによる地域の子育て支援など、地域支援の機能を高めていく。
- ケアワークの機能に加えて、ソーシャルワークの機能を充実し、関係機関との連携を強めていく。
- 親や家族から離れて生活する子どもへの、親や家族との心理的、物理的な関係の配慮や養育の過程のはからいは、子どもの生活を安心、安全の場とするために欠かせない。

おわりに

　本書は、社会的養護に関して、社会的養護の現場で働いている方やこれから社会的養護の現場で働こうとしている方、日頃携わっていない方など、幅広い読者を想定して、分かりやすく説明することを目的に作成いたしました。そのため、一つのテーマについてQ&A形式で簡潔に説明することを目指しました。それぞれの読者の方の目的に応じて、必要な項目について確認していただいても良いですし、全体像を把握することを目的に、すべての項目を読んでいただくのも良いと思います。

　社会的養護を取り巻く状況は近年大きく変わってきています。家族機能の脆弱化に伴い、子育ては家族だけで行えるものではなくなっています。そのため、子育て支援などの利用が必須ですが、それでも親子で暮らすことができない状況もあります。そのため、社会的養護は新たに社会的養育という、より広い概念の中に位置付けられ、特別な子どもたちの保護や支援という役割から、子育て支援との繋がりの中で親子分離が避けられない時に利用される福祉サービスになっています。

　それゆえに社会的養護は多くの人たちに正しく知られるべき事柄だと考えますが、社会的養護を構成する要素はとても多くあります。そのため本書は50名近くの方に執筆にご協力いただき、様々なテーマについて説明していただきました。社会的養護の仕事に携わっている方や社会的養護に関して研究されている方が中心ですが、社会的養護の元利用者

にもご協力いただき、利用者の観点から説明していただいています。子どもの意見や意向を尊重することは子どもの権利擁護の基盤となりますので、彼らの意見は今後の社会的養護を考えていく上でとても重要です。

　読者の中には社会的養護の元利用者や元職員、実習を体験した方など、実勢に現場について知っている方もいらっしゃって、「このように書いてあるけど、現実は違う」などのご指摘をいただくかもしれません。個別の事例として、例えば不適切な状況などが実際に生じていることもあると思います。本書はできるだけ一般的な事柄を記述するように心がけて作成いたしました。ご理解をいただくとともに、そうした不適切な事例を少しでも減らしていくことに役立てばと考えています。

　最後になりましたが、本書は一般社団法人日本児童養護実践学会の会員や日頃からお世話になっている方にご執筆いただき、作成することができました。ご多忙な業務の中、本書に執筆いただいた方々に御礼申し上げます。また株式会社ぎょうせいのご尽力によって本書は完成にこぎつけることができました。編集等をご担当いただいた北原三起也さん、永山智教さん、今井司さん、酒井亮圭さん、そして小髙方展さんには大変お世話になりました。この場をお借りして感謝申し上げたいと思います。

編集委員代表　和田上　貴昭

＜執筆者一覧＞

◎監修

一般社団法人　日本児童養護実践学会

　児童養護施設職員や施設長など、社会的養護の実践に携わる人々と社会的養護の研究者等により構成される学会。社会的養護実践の科学化により、社会的養護の支援に寄与することを目的として2008年に創設。学会認定資格である社会的養護福祉士認定資格（初級、中級、上級）研修等により、現場職員の専門性向上にも取り組んでいる。

◎執筆者（50音順、所属は2023年6月現在）

青葉　紘宇	東京養育家庭の会
赤嶺　恵理	杏林大学
麻生　信也	児童養護施設　杉並学園
飯村　愛	洗足こども短期大学
市川　理紗	児童養護施設　東京育成園
井筒　貴史	児童養護施設　清心寮
岩田　美香	法政大学
浦田　雅夫	京都女子大学
遠藤　洋二	関西福祉科学大学
鹿毛　弘通	児童養護施設　聖ヨゼフホーム
片根　志雄	児童養護施設　誉田養徳園
河原　一郎	児童養護施設　東京育成園
木塚　勝豊	大谷大学
木村　秀	共立女子大学
幸田　大翔	元社会的養護利用者
小林　生	ファミリーホームおむすび（小規模住居型児童養育事業）
阪野　学	四條畷学園短期大学
坂本　健	白百合女子大学〈編集委員〉
関根　礼	児童自立支援施設　国立武蔵野学院

Q&A社会的養育の実践

困難を抱える子ども・子育て家庭の支援

令和5年7月20日　第1刷発行

監　修　一般社団法人日本児童養護実践学会

発　行　株式会社 **ぎょうせい**

〒136-8575　東京都江東区新木場1-18-11
URL：https://gyosei.jp

フリーコール　0120-953-431

ぎょうせい　お問い合わせ 検索 https://gyosei.jp/inquiry/

〈検印省略〉

印刷　ぎょうせいデジタル株式会社　　　　　　　　©2023 Printed in Japan
※乱丁・落丁本はお取り替えいたします。

ISBN978-4-324-11285-4
(5108882-00-000)
〔略号：社会養育〕